BARCELONA

CIUDAD Y ARQUITECTURA

Ensayo Josep Maria Montaner

TASCHEN

KÖLN LISBOA LONDON NEW YORK PARIS TOKYO

**Este libro ha sido impreso en papel
100 % libre de cloro, según la norma TCF.**

Hohenzollernring 53, D-50672 Köln

Producción: Gabriele Leuthäuser, Nuremberg
Leyendas de las ilustraciones: Verónica Reisenegger, Colonia,
Peter H. Untucht, Friburgo, y Josep Maria Montaner, Barcelona
Traducción de las leyendas: Carmen Sánchez Rodríguez

Printed in Spain
ISBN 3-8228-8544-4
E

INDICE

[redacted]

CAMINO DEL EIXAMPLE

LA CASA DE LA CIUTAT (izda.)

Pere Llobet, 1373; Arnau Bargués, 1399–1402; Josep Mas i Vila, 1831–1847
Plaça de Sant Jaume

PALAU DE LA GENERALITAT

Marc Safont, 1416–1434; Pere Blay, 1596–1617
Plaça de Sant Jaume

El Saló de Cent se encuentra en la parte gótica todavía bien conservada del ayuntamiento medieval, la Casa de la Ciutat. Allí se reunía hace siglos el «Consejo de Ciento» para discutir sobre el futuro de Cataluña. Los daños sufridos durante la guerra de sucesión de 1714, así como durante un bombardeo en 1842, indujeron a pensar en algunos momentos que era aconsejable derribar del edificio. A pesar de todo, a principios del siglo XX se decidió no sólo renovar el edificio, sino incluso ampliarlo. El Saló de Cent con sus magníficas lámparas de araña y sus ámplios arcos de medio punto nos recuerda a una iglesia. Esta impresión se acentúa por la ordenación de los macizos bancos de madera: en forma de herradura en el frente reservado a los altos dignatarios políticos y – claramente separados de ellos – las filas de los representantes de los distintos partidos.
Justo enfrente de este ayuntamiento se encuentra el Palau de la Generalitat, residencia del presidente catalán, como si los contrarios políticos – aquí el presidente, allí el alcalde – no quisieran perderse de vista. La sede del gobierno se inició a comienzos del siglo XV y se ha ampliado varias veces hasta el día de hoy. En el complejo monumental entre el Carrer de la Ciutat, el Carrer dels Templers y la Plaça de Sant Miquel destaca junto al Saló Daurat, el Saló Dorado, el campanario. La zona sur del palacio, que se abre a la Plaça de Sant Jaume, fue proyectada por Pere Blay a fines del siglo XVI y está considerada como una de las obras más logradas de la arquitectura renacentista en Barcelona.

PORTA DE SANTA MADRONA

Avinguda del Parallel

Por escasos que sean los restos de la muralla en comparación con su longitud original, siguen siendo testigos de la expansión urbana de Barcelona. A lo largo de los siglos los fragmentos de muro han marcado los diversos períodos, desde la ciudad medieval rodeada por barreras defensivas, hasta la metrópoli «ilimitada» de la era industrial. La torre situada cerca del mar, al igual que la muralla más antigua, data de mediados del siglo XIII y formaba parte de las Drassanes, los antiguos astilleros construidos bajo Pere el Grande. Hasta un siglo después no se levantaría un nuevo anillo fortificado para proteger el barrio del Raval, a lo largo de la Ronda actual, al final del cual se levantaba una segunda torre que al mismo tiempo servía de puerta a la ciudad: la Porta de Santa Madrona. El fragmento que enlaza ambas torres es del siglo XVII cuando al ampliarse las Drassanes, se creyó conveniente mejorar su defensa. Con este objetivo se construyó en el mismo siglo el Baluarde de Santa Madrona, un bastión que obligó a rectificar la antigua muralla. Por último, el Baluarde de Próspero de Verboom que respondía a fines estratégicos y pretendía convertir las Drassanes en una fortaleza, fue realizado en el siglo XVIII.

PALAU REIAL MAJOR

Guillem Carbonell, 1359–1370; Antoni Carbonell, 1546–1549; Joaquim Vilaseca i Rivera y Adolf Florensa i Ferrer, 1936–1956
Plaça del Rei

El imponente complejo de edificios en torno a la Plaça del Rei fue en un tiempo residencia del Conde de Barcelona y es probable que en los siglos precedentes también residieran en él reyes visigodos. Tres edificios de este conjunto merecen especial atención: el Palau Reial Major levantado sobre los muros romanos, que fue ampliado y renovado en varias ocasiones por primera vez a comienzos del siglo XII bajo Ramón Berenguer IV. Entre 1359 y 1370 se añadió el gótico Saló del Tinell donde Colón fue solemnemente recibido en 1493 por los Reyes Católicos a su vuelta de América. El segundo edificio digno de ser visitado es la pequeña capilla gótica de Santa Agueda del siglo XIV y el tercero el Palau del Lloctinent, el palacio de los virreyes. Construido entre 1549 y 1577 acoge desde 1836 el Archivo de la Corona de Aragón.

Anexo al Palau Reial Major se eleva el Mirador del Rei Martí levantado en el año 1555.

La parte norte del palacio, sin embargo, fue reformada por completo a principios del siglo XVIII. Aquí se encuentra hoy en día el Museu Frederic Marès, un «museo de los recuerdos», en el cual se exhibe todo lo que ha acompñado la vida de los españoles a lo largo de los siglos, desde las piezas «kitsch» hasta las obras de arte.

El paseo de la Muralla del Mar – aquí en una fotografía de 1860 – fue uno de los espacios públicos más importantes de la ciudad. Al fondo el Castell de Montjuïc que junto con la Ciutadella, situada en el este de la ciudad vieja, servía para proteger y a la vez controlar la ciudad. Este área se fue transformando a medida que se iba ganando terreno al mar. A finales del siglo pasado permitió la construcción del puerto y el Passeig de Colom.
La zona del puerto fue perdiendo atractivo con la industrialización y la expansión de Barcelona; hasta los años ochenta no se volvió a recuperar la orientación hacia el mar. El puerto fue transformado por completo, desaparecieron los antiguos almacenes y se construyeron bares y restaurantes. El Moll de la Fusta, según los planos de Manuel de Solà-Morales, se convirtió en lo que en otro tiempo había sido el Passeig de la Muralla: un popular y animado paseo.

Barcelona es una ciudad impregnada de historia, pero al mismo tiempo es también una ciudad moderna, en continua transformación. Barcelona, con su arquitectura y su urbanismo, muestra la existencia de una especie de inconsciente colectivo que se ha ido desarrollando a lo largo del tiempo. Hay una manera tradicional de ir haciendo ciudad, a partir de la adición, superposición e inscripción de pequeñas piezas nuevas. Construida entre las líneas del mar y la montaña, está hecha a la manera de un «collage» vivo, de un inmenso «patchwork» de fragmentos. Y al mismo tiempo es una ciudad que, especialmente a lo largo de todo el siglo XX, ha intentado ponerse al ritmo del progreso del mundo moderno.

Esta ciudad nos muestra ejemplos de la arquitectura romana – en muchos casos medio enterrados o escondidos entre edificios –, destacados edificios del periodo gótico: algunos de ellos, como la antigua Llotja, suavemente protegida por un nuevo contenedor neoclásico, otros como Santa Maria del Mar, expresión de una singular interpretación del gótico en Cataluña. Hay también ejemplos de la edad clásica (Renacimiento, Barroco y Neoclasicismo). Pero Barcelona es especialmente conocida por su exuberante arquitectura modernista. Cada una de estas obras maestras – independientemente de que sea una nueva construcción, un anexo o modificación – es un elemento incrustado en una estructura arquitectónica previa. Incluso los grandes edificios públicos al servicio de la cultura como el Teatre del Liceu o el Palau de la Música Catalana – están situados entre otras construcciones, conviviendo con la arquitectura más cotidiana. Este escrito intentará ir desvelando el origen y la evolución de la arquitectura más representativa de la ciudad de Barcelona.

Barcelona, que a lo largo de los siglos XVI y XVII parecía aletargada, con una población entre 30 000 y 40 000 habitantes, empieza a experimentar durante el siglo XVIII un proceso de florecimiento comercial llegando a tener 193 000 habitantes en 1857.[1] Un factor decisivo para ello es la ampliación del comercio con América, aprovechando su situación portuaria. De las regiones rurales de Cataluña comenzó a llegar a Barcelona capital económico y humano. Las condiciones esructurales del campo retardaron durante mucho tiempo los procesos que en otros paises europeos habían modificado el aspecto de las ciudades y en el siglo XVIII.

Bajo el dominio borbónico Cataluña pierde parte de sus derechos históricos, como el uso público de su propia lengua que, ya desde finales del siglo XVII había entrado en una época de decadencia y que hasta finales del siglo XIX no recuperará su pleno funcionamiento. Sin embargo, paradójicamente, es en este período cuando Cataluña empieza a experimentar un fuerte crecimiento econó-

El plano muestra Barcelona antes de las transformaciones de la revolución industrial y la expansión de la ciudad. Por ordenanzas militares el llano alrededor de la muralla debía quedar exento de construcciones. La muralla interior del siglo XIII separaba a lo largo de la Rambla, el lecho de un riachuelo seco, la zona representativa urbana del arrabal con sus hospicios y conventos, los mataderos y los huertos que abastecían la ciudad.

S
R
Q
P
V
O
B
C
N
L
M
D
E
F
G
I
H
K
Y

mico. Coincidiendo con el reinado del rey Borbón más ilustrado, Carlos III, Barcelona va convirtiéndose en una nueva capital comercial y cultural. Para crecer, la ciudad tuvo que extenderse más allá de las murallas y urbanizar el barrio del Raval, hasta mediados del siglo XVIII ocupado por campos de cultivo, conventos, hospicios y mataderos.

Otro factor de enriquecimiento cultural, más ligado al mundo de la construcción, será el hecho de que Barcelona sea desde 1720 hasta 1801 la sede de la Academia Militar de Matemáticas, lugar de formación de la mayoría de ingenieros militares borbónicos. A ellos se debe la realización de grandes obras civiles: fuera de Barcelona, la Universidad de Cervera y el castillo de Figueres, y en Barcelona, la Ciutadella, el castillo de Montjuïc y toda una serie de cuarteles. También aportaron la modernización de la arquitectura, el uso del dibujo como instrumento disciplinar básico y de los libros de arquitectura como referencia técnica, y la paulatina división y especialización del trabajo. Los ingenieros militares diseñaron incluso todo un nuevo barrio en Barcelona: el barrio marítimo de la Barceloneta (1753), donde se alojarán parte de los pescadores y menestrales, expulsados del barrio de Ribera hacia el casco antiguo y la playa de la Barceloneta, a causa de las obras de construcción de la Ciutadella militar (1716–1727). La Barceloneta aporta toda una nueva concepción del urbanismo: racional, higiénico y repetitivo. La forma lineal y estrecha de las manzanas marcará de forma determinante la morfología de una zona que anunciaba ya la identidad de ciudad moderna.

La realización de la fortificación de la Ciutadella generó el derribo del 17 % de la ciudad antigua. Su arquitectura, muy próxima al clasicismo francés desarrollado durante el siglo XVII por los ingenieros militares franceses, tenía la ambigüedad de toda construcción militar: defender a la ciudad de un virtual ataque

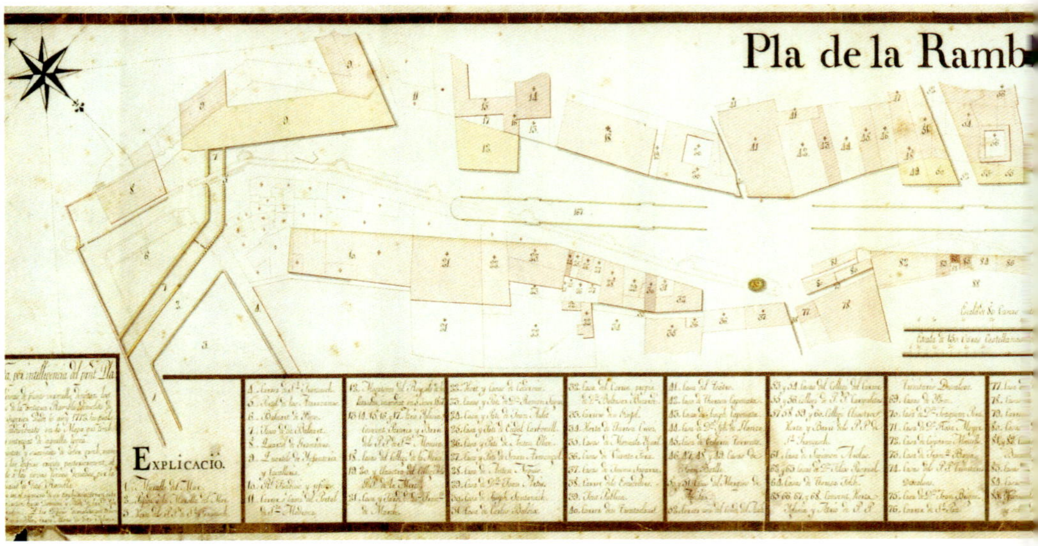

pero, sobre todo, favorecer el control y la represión de cualquier intento de sublevación civil.

Entre los ingenieros militares destaca la figura de Jorge Próspero de Verboom, director de obras y fortificaciones del Principado, quien dejó proyectadas las directrices generales de la mayor parte de las edificaciones militares de la primera mitad del siglo XVIII en Cataluña.[2] Los ingenieros no sólo levantaron construcciones militares, sino que también se ocuparon del paisaje urbano de Barcelona. Ordenaron, por ejemplo, la plantación de hileras de árboles a lo largo del antiguo río, preparando así el actual paseo de las Ramblas. También se fue urbanizando el suave declive que se extendía entre la Ciutadella y el barrio de la Ribera.

De hecho, durante los siglos XVII y XVIII gran parte de la cultura técnica en Europa estaba en manos de los militares. Pero este papel predominante disminuyó a lo largo de los siglos XIX y XX, dejando paso a otras fuerzas innovadoras. El comercio y la industria se fueron haciendo cargo del impulso fundamental en la transformación social. Asi pues, a la larga, el factor esencial y definitivo de crecimiento fue la paulatina industrialización de la ciudad. Dentro de la vieja estructura de casas artesanas se fueron introduciendo pequeños talleres de manufactura, los llamados talleres de indiana, que con máquinas de tracción humana fabricaban tejidos de algodón para exportar a América.

Este proceso, que empieza a producirse a partir aproximadamente de 1736, promoverá el enriquecimiento de la ciudad. La elevación de toda una serie de nuevos palacios neoclásicos en las principales calles de la ciudad, la construcción de nuevas iglesias tardobarrocas e incluso la realización de jardines como el del Laberinto del marqués de Llupià i Alfarràs en el barrio actual de Horta (1793–1804), serían la expresión de este crecimiento económico y humano de

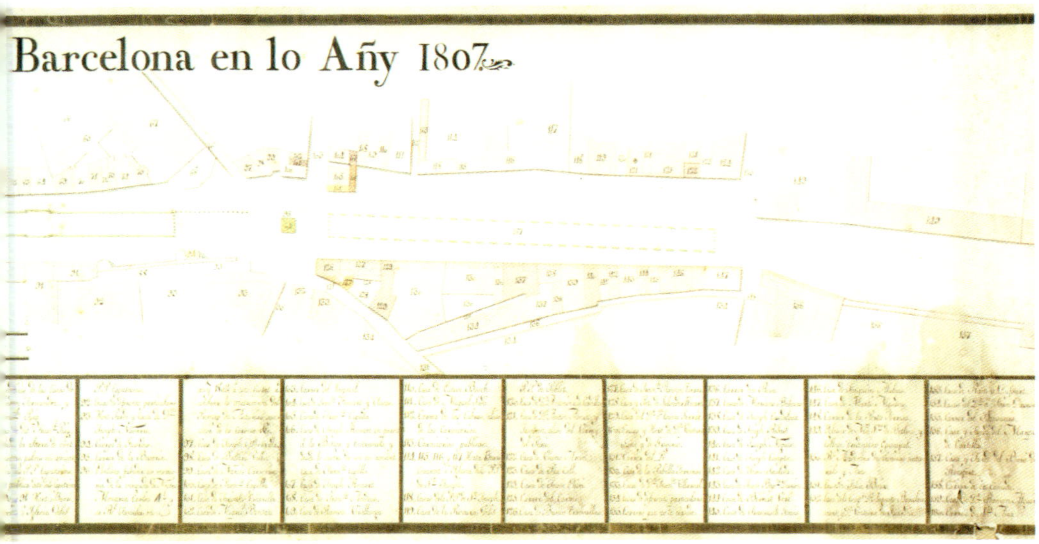

LA RAMBLA

Rambla significa tanto paseo como lecho pluvial, lo que constituye un indicio de que antiguamente un río discurría desde el Tibidabo hasta el mar.

A mediados del siglo XVIII Barcelona experimentó un impulso económico. El incremento de la población exigió la urbanización de nuevos espacios habitables. Los primeros permisos de construcción de 1704 en la zona de la Rambla sólo afectaban parcialmente a la fortificación, pero en 1775 se terminó por demoler el tramo entre la Porta dels Ollers y las Drassanes. A fines del siglo XVIII se llevó a cabo la ampliación hacia el espacioso paseo y se plantaron álamos en la franja central.

LA BARCELONETA

Juan Martín Cermeño y Francisco Paredes
Inicio de la obra 1753

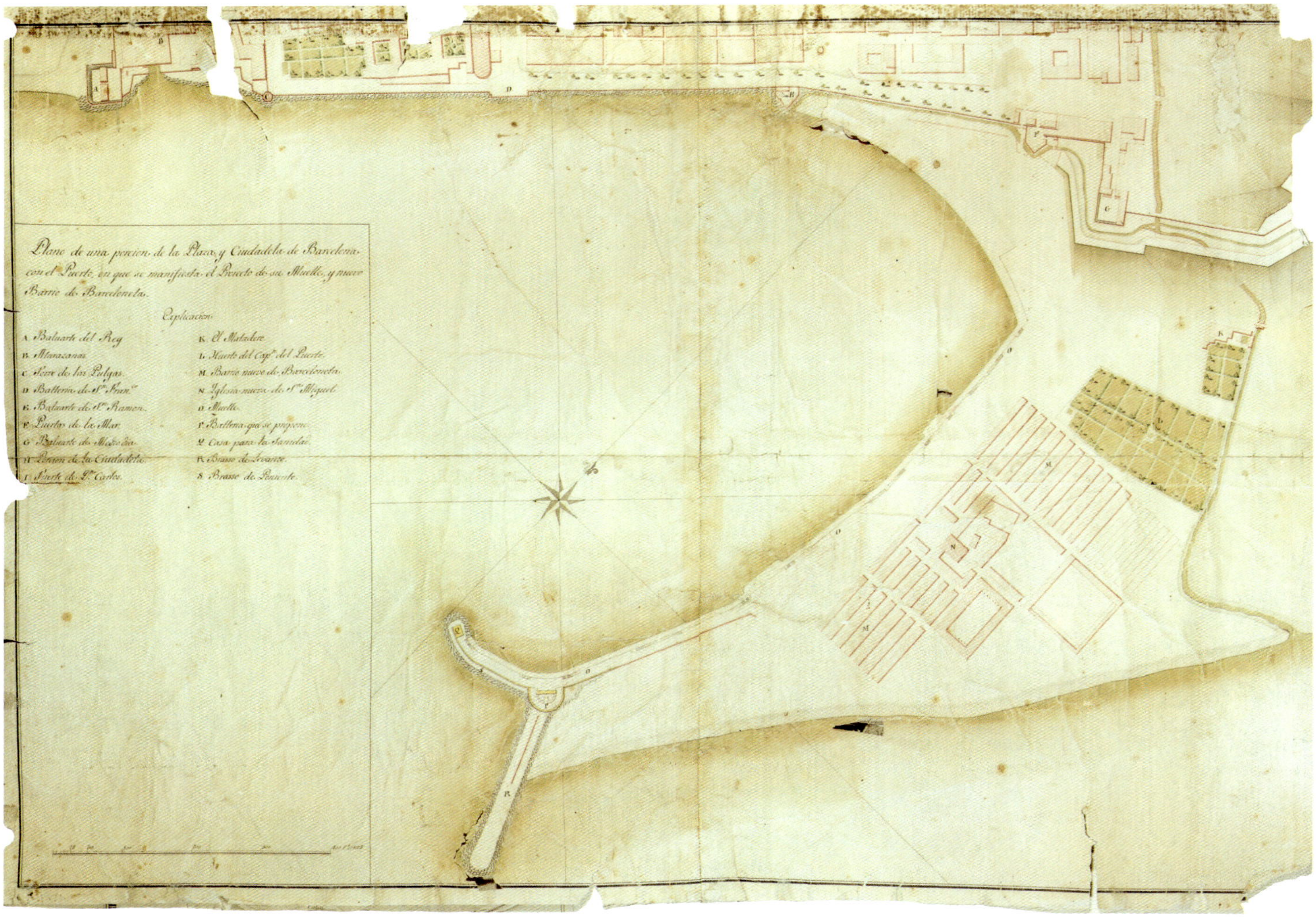

Fueron ingenieros militares bajo la dirección de Juan Martín Cermeño los que trazaron y dirigieron las obras de este barrio fuera de la antigua muralla, junto a la playa de la Barceloneta. En esta área, especialmente tras la demolición parcial del barrio de la Ribera, debían levantarse pequeñas casas de pescadores y menestrales que proporcionarían un nuevo hogar a los desamparados. Por vez primera se levanta en Barcelona un barrio según un plano urbano. Se caracterizaba por las calles estrechas y paralelas y los bloques lineales de baja altura. Cada bloque de viviendas constaba de planta baja y un primer piso que acogía pequeñas viviendas, cerca de 35 m^2, con dos habitaciones y un servicio. Este plano anunciaba ya la racionalidad, homogeneidad y geometrización del plan Cerdà para la gran ampliación de Barcelona. La clara estructura del barrio y la orientación de las calles hacia la Ciutadella respondían a razones estratégicas, dado que esta última y el castillo de Montjuïc, situado enfrente, permitían controlar toda la ciudad.

Según el plano primitivo las casas de la Barceloneta únicamente podían tener un piso, ya que sólo así se conseguía que también las viviendas de la planta baja recibieran la suficiente luz en las estrechas calles. En 1858 ya se habían construido casas de tres pisos y en 1839 algunos propietarios consiguieron que se relajaran las ordenanzas de edificación. En 1886 el ayuntamiento terminó por autorizar un proyecto con casas de cuatro pisos, si bien las nuevas calles debían aumentar el ancho a 10 metros.

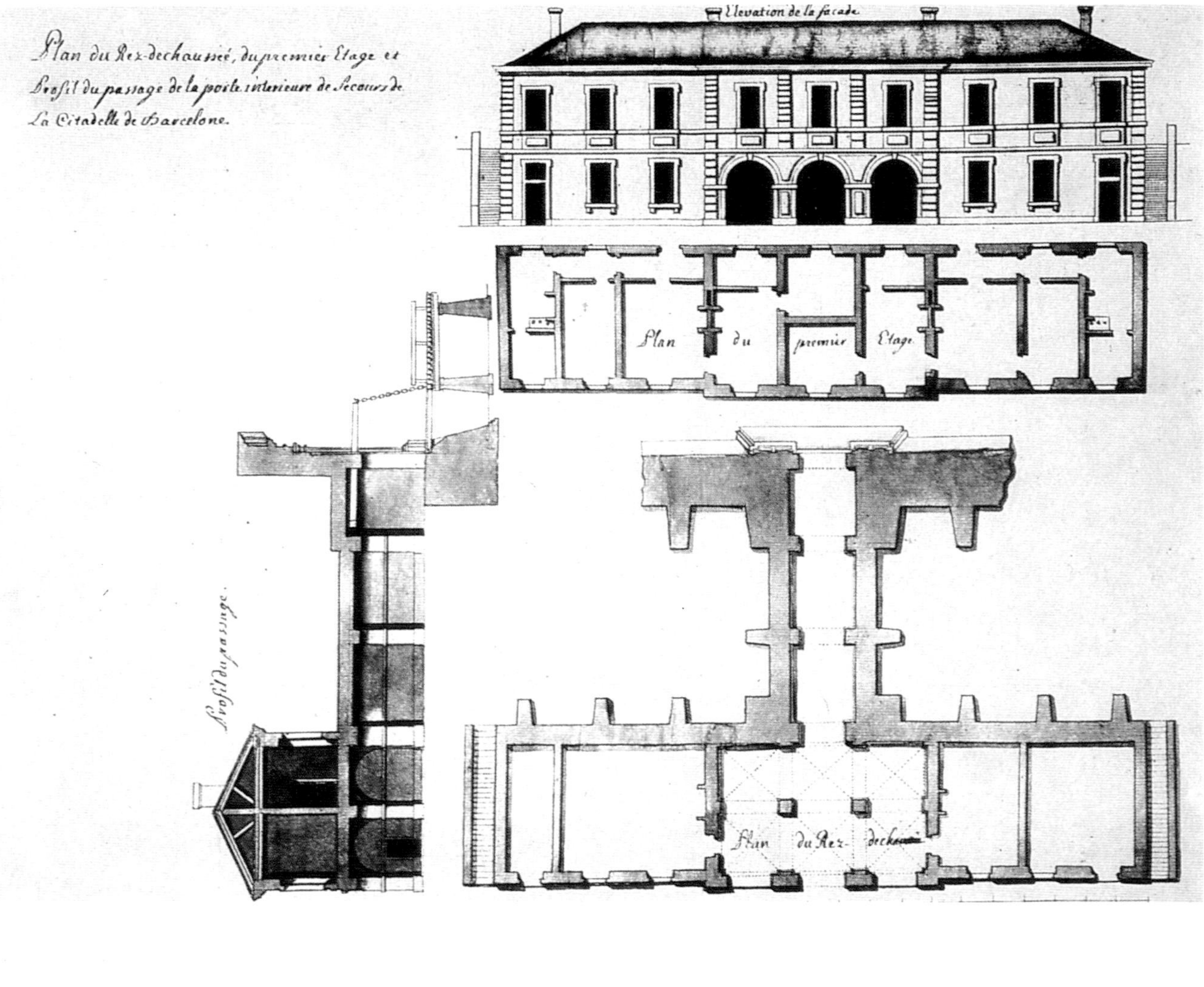

Plan du Rez-dechaussée, du premier Etage et
Profil du passage de la porte interieure de Secours de
La Citadelle de Barcelone.
Elevation de la facade
Plan du premier Etage

la ciudad. Al mismo tiempo, la ciudad productiva se extiende más allá de las murallas.

El edificio más representativo de este momento es el que la Junta de Comercio, creada en 1763, mando reformar según trazos del entonces maestro de obras más culto y progresista de la ciudad: Joan Soler i Faneca.[3] Se trataba de la antigua lonja gótica que fue reformada y ampliada al estilo neoclásico.

El crecimiento de la ciudad, que con la guerra de la Independencia sufre un cierto freno, vuelve a revitalizarse hacia 1820. En 1830 se instala la primera serie de columnas de hierro fundido importadas de Inglaterra. En 1832 se instala la primera máquina de vapor. Y en 1848 se construye la primera línea de ferrocarril que unirá la capital con la ciudad de Mataró y el area del Maresme. El acelerado proceso de industrialización a lo largo del siglo XIX dejó sus huellas: Barcelona, a mediados de siglo, ofrece ya la imagen humeante e industriosa de las dinámicas ciudades europeas. Las columnas de ladrillo y humo de las chimeneas compiten ahora con las torres y los campanarios en un escenario que Baudelaire ya había retratado cuando escribía: «los obeliscos de la industria vomitando contra el firmamento sus coaliciones de humos».

A lo largo de la primera mitad del siglo XIX Barcelona mantendrá aún la típica estructura de ciudad medieval fortificada. Durante las décadas centrales del siglo luchará contra este encorsetamiento hasta dar el salto más trascendental de su historia: la realización del Eixample. Antes, sin embargo se llevará a cabo una profunda transformación y aprovechamiento de la ciudad medieval. Primero se llevaran adelante intervenciones aún ligadas a una idea de ciudad neoclásica, unitaria y limitada: apertura de calles rectilíneas, definición de plazas públicas, construcción de edificios representativos. Por muy poco tiempo, de 1836 a 1859, funciona el Portal del Mar, que configura la neoclásica Pla del Palau y que da acceso al barrio popular de la Barceloneta. Esta conjunto es enriquecido con el conjunto residencial de «Els Porxos d'en Xifré» (1836–1840) proyectados por Josep Buixareu y Francesc Vila. En estos años empiezan a recogerse los frutos de las clases de arquitectura impartidas entre 1815 y 1835 por Antoni Celles en la Escuela de Llotja de Barcelona.

En estos años se empiezan a realizar las primeras operaciones de apertura de nuevas calles rectilíneas, definidas por fachadas homogéneas, como el Carrer Fernando. Siguiendo las leyes de desamortización de los bienes eclesiásticos, promulgadas a partir de 1835, se crean nuevos espacios públicos como la Plaça Reial (1848–1859) proyectada por Francesc Daniel Molina i Casamajó o la Plaça Sant Josep (1836–1840) proyectadas por Josep Mas i Vila, que acabará albergando el mercado de la Boqueria. Este proceso de remodelación de la

LLOTJA

Joan Soler i Faneca, 1764–1794; Joan Fàbregas y Tomàs Soler i Ferrer, 1794–1802
Pla del Palau

El consejo de comercio acordó en 1764 restaurar la antigua lonja de Barcelona cuya historia se remonta al año 1383.
Soler i Faneca fue en su época uno de los maestros de obra más preparados, contaba con una importante biblioteca y numerosos modelos de los órdenes clásicos, siendo considerado un excelente dibujante. Cuando murió en 1794 ya se había concluido la mayor parte de las obras.
Joan Fàbregas se hizo cargo de la dirección del proyecto, continuado tras su muerte en 1802 por el hijo de Joan Soler, Tomàs Soler i Ferrer.
El salón, el patio interior y la capilla posterior fueron originariamente una obra gótica. Soler i Faneca mandó derribar la antigua iglesia que amenazaba derrumbarse, para así restituir la unidad primitiva de la construcción. Sobre este conjunto levantó un edificio clasicista, pero manteniendo la estructura gótica de la antigua lonja. Esta afortunada adaptación se refleja por ejemplo en el alzado asimétrico, en la escalera curvada y en los frontones del primer piso. Todas estas armónicas ampliaciones convierten a la Llotja en uno de los ejemplos más hermosos y, en su proceso constructivo, más logrados de la arquitectura barcelonesa. Después de haber sido utilizada durante siglos con otros fines, entre otros como cuartel y hospital militar, a partir de 1847 se vuelve a dedicar al negocio bursátil.

ARSENAL DE LA CIUTADELLA

Jorge Próspero de Verboom, 1716–1727
Pla del Palau

PLA DEL PALAU

Litografía de Dumouza y Bichebois, París 1840

La vista sigue el eje de la Avinguda del Marquès de L'Argentera y el Passeig de Isabel II hasta Montjuïc. En los edificios de la fila derecha se puede reconocer la Llotja. Enfrente de ella se levantaron entre 1836 y 1840 las Cases d'En Xifré de los arquitectos neoclásicos Josep Buixareu y Francesc Vila. Este «bloque de viviendas» de carácter monumental con tiendas en los soportales de la planta baja, fue encargado por Josep Xifré i Casa, un indiano catalán que había conseguido su fortuna en América. El plan seguía las directrices del proyecto para la plaza de Josep Massanés de 1822. A su izquierda se encuentra la antigua aduana de Miquel de Roncali, levantada entre 1790 y 1792.

Esta bella plaza orientada al mar fue el centro de la ciudad durante unas breves décadas, pero cuando Barcelona fue creciendo hacia el Passeig de Gràcia, perdió relevancia y quedó marginada. Entonces la ciudad también volvió la espalda al mar, orientación que mantuvo hasta fechas muy recientes.

ciudad histórica culminará en 1850 cuando el nuevo Carrer Fernando llegue a la altura del Palau de la Generalitat, obra de Pere Blay, y del Ayuntamiento gótico que recibe entonces un tratamiento neoclásico tardío proyectado por Josep Mas i Vila (1831–1847), para adaptarse a la nueva Plaça de Sant Jaume, desde entonces el corazón administrativo y político de la ciudad.

A pesar de la vocación de la ciudad de crecer hacia el llano, ocupando los terrenos que según ordenanzas militares debían quedar libres alrededor de las murallas, a lo largo del siglo XIX los edificios más representativos se construirán aún en el casco antiguo. El Teatre del Liceu, dedicado a la opera, se construirá apretadamente entre edificaciones de la Rambla. La Universidad de Barcelona (1859–1873) proyectada por Elies Rogent, aunque se construya en las primeras manzanas del Eixample, mirará hacia la ciudad antigua y dará la espalda a la que tendrá que ser la nueva ciudad. Incluso para el Palau de la Música (1905–1908), ya dentro del periodo modernista, se eligirá un solar irregular y oculto en calles estrechas y secundarias de la ciudad.[4]

Para poder ordenar el crecimiento a extramuros de Barcelona, el gobierno central de Madrid aprobó el plan del ingeniero de caminos Ildefons Cerdà (1859). Descontento con esta imposición, el Ayuntamiento de Barcelona convocó un concurso municipal al que se presentaron los arquitectos barceloneses más prestigiosos. Este concurso fue ganado por Antoni Rovira i Trias que junto a Miquel Garriga i Roca era el arquitecto más sensible y especializado en los proyectos urbanísticos. Rovira i Trias proponía un modelo de ciudad radioconcéntrica. Sin embargo, el gobierno central de Isabel II ratificaría un plan a todas luces mucho más moderno y abierto al desarrollo futuro; el proyecto del Eixample de Cerdà. A los barceloneses les costó mucho aceptar un plan que no respondía a su idea de ciudad y que había sido impuesto por el gobierno central. Desde entonces convivirán en Barcelona distintas teorías sobre como debería ser la ciudad: radioconcéntrica en Rovira i Trais y en Garriga i Roca, homogénena en Cerdà, monumental en Jaussely o racionalista según el GATCPAC (Grupo de Artístas y Técnicos Catalanes para el Progreso de la Arquitectura Contemporánea).[5]

Ildefons Cerdà proponía una trama isótropa, casi infinita, que desplazaba el centro de la ciudad hacia la Plaça de les Glòries y que rellenba todo el espacio vacío del llano con una trama homogénea. La pieza esencial de su propuesta eran unas manzanas de gran tamaño, un cuadrado de 113,33 metros de lado, con las esquinas sorprendentemente recortadas a 45° para permitir el giro de unos posibles ferrocarriles que recorrerían toda la ciudad de un extremo a otro. Aunque esta visión no se llegó a cumplir, han permanecido las plazas repetidas

URINARIOS

Miquel Garriga i Roca, 1848–1856

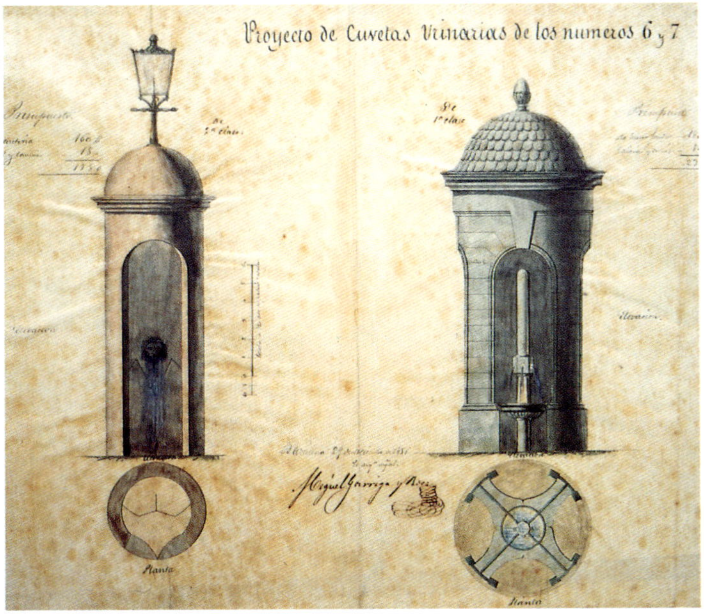

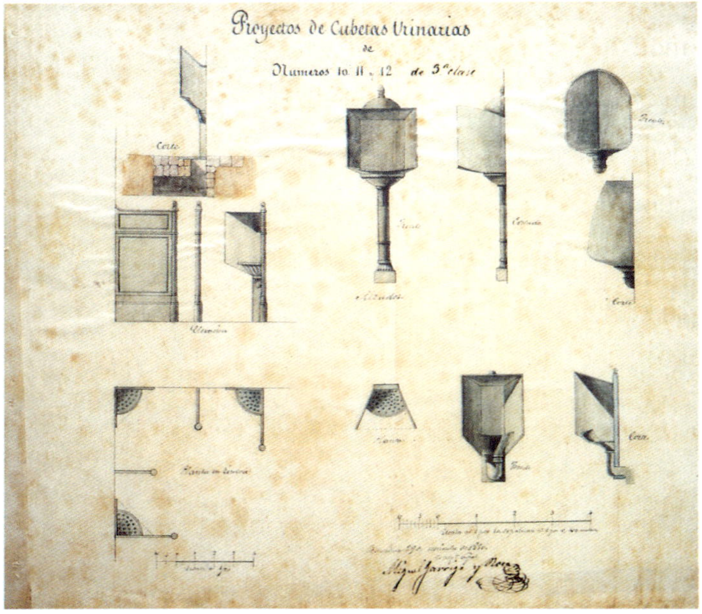

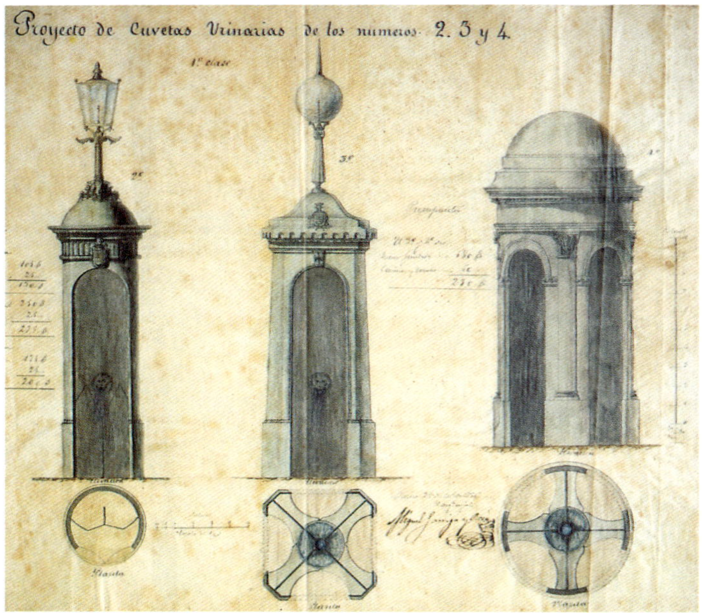

Las primeras décadas del siglo XIX llevaron a la lujosa creación de calles, paseos y plazas públicas que debían ser tratadas con la misma pretensión de confort que los espacios interiores. Se instalaron farolas, bancos, fuentes, quioscos y otros elementos que a partir de entonces determinarán la imagen de la ciudad.

en serie. El proyecto de Cerdà constituye el momento clave de la evolución de la Barcelona moderna: toda la diversidad y el desorden de tejidos urbanos e históricos entran a formar parte de un proceso coherente, de un todo. Cerdà no sólo otorgó a Barcelona un ensanche, sino toda una nueva forma global. Las cualidades formales de la unidad manzana diseñada por Cerdà constituyen un motivo básico que se repetirá siempre en la Barcelona moderna: su flexibilidad morfológica permite la variedad y ubicación tanto de hileras de edificios residenciales como de edificios públicos singulares. Su imagen unitaria y continua aportó a los originales edificios modernistas el telón de fondo adecuado y la extraordinaria trama de calles ha sido capaz de absorber durante más de un siglo, de una manera permeable e isótropa, el aumento continuo del tráfico rodado.[6]

Página siguiente:

La antigua fábrica textil de Jaumandreu en el barrio del Poble Nou hacia 1900 (lám. sup. izda.); la estación más antigua de Barcelona, la Estació de França con el ferrocarril que desde 1848 cubría el trayecto entre Barcelona y Mataró (lám. inf. izda.); una fábrica de ladrillos hoy desaparecida (lám. sup. dcha.); Les Drassanes (lám. inf. dcha.)

LES DRASSANES

Plaça del Portal de la Pau

Las atarazanas son unas de las mejores conservadas y de las más hermosas en el Mediterráneo. El proyecto primitivo fue realizado entre 1284 y 1348, si bien se continuó ampliando durante los años setenta y ochenta del siglo XIV. Cada una de las ocho naves podía dar cabida a un barco. Planos de 1390 preveían ampliaciones que debían permitir la construcción de hasta 30 galeras. En 1714 fue convertida en sede militar y desde entonces el edificio se dedicó a funciones diversas como cuartel, hospital militar o taller de vehículos. Actualmente acoge el Museu Marítim entre cuyas piezas más sobresalientes destaca una copia a tamaño natural de la Galera Real, nave perteneciente a la flota que obtuvo la victoria española sobre los turcos en la Batalla de Lepanto.

L'EIXAMPLE

Ildefons Cerdà i Suñer, 1859

El plano del ingeniero Ildefons Cerdà se basaba en una trama regular cuadriculada. En la manzana cuadrada se había previsto la construcción abierta, en dos o tres de sus caras, con edificios de un máximo de cuatro pisos y amplios espacios verdes. Ninguna de las calles tenía menos de 20 metros de anchura, algunas 30 y otras incluso 50. El chaflán de las esquinas de los cuadrados daba lugar a una pequeña plaza en cada cruce. De esta forma también se debía facilitar el giro a las «máquinas de vapor móviles» que, según Cerdà, muy pronto habrían de circular por las calles. La propuesta de Cerdà para la Barcelona del futuro era una respuesta clara a las viviendas estrechas y apiñadas de la ciudad vieja con sus miserables condiciones higiénicas.

El proyecto primitivo, abierto y por regla general con sólo dos filas de edificios, que partía de una densidad de 250 habitantes por hectárea, no se pudo realizar tal cual. En 1890 se contaban 1400 habitantes por hectárea y en 1925 ya eran 2000. Se cerraron los bordes de los cuadrados, se aumentó la altura y la profundidad de los edificios, y se terminaron privatizando los patios interiores.

PLANO
DE LOS
ALREDEDORES DE LA CIUDAD
DE
BARCELONA
Y
PROYECTO
DE SU
REFORMA Y ENSANCHE
S. ANDRES DE PALOMAR
CEMENTERIO
GRACIA
GRAN BOSQUE
LEYENDA DEL PROYECTO
HIPODROMO
S. MARTIN DE PROVENSALS
RIO
BESOS
MATARO
FERRO CARRIL
M E D I T E R R Á N E O

TEATRE DEL LICEU

Miquel Garriga i Roca, 1845–1847; Josep Oriol Mestres i Esplugas, 1862 y 1874
La Rambla 61–65

Resulta curioso que la inciativa para la creación de la primera ópera en Barcelona partiera de oficiales instalados en el Convento Montsió. Con el pretexto de renovar el vestuario de la tropa, recaudaron fondos para levantar un teatro en el cuartel. Pero las monjas reclamaron su convento, con éxito. Entonces fue necesario buscar otro lugar que se encontró en 1844 en la Rambla. Todo aquel que participara en la financiación del proyecto a través de una especie de fondo común, obtenía el derecho de propiedad de una butaca o un palco. El Teatre del Liceu se construyó en el plazo de tres años bajo la dirección de Garriga i Roca y su asistente Mestres i Esplugas. En la inauguración tomaron parte más de 4000 personas.
El auditorio se orientaba por el de la Scala de Milán aunque era algo mayor que él y que el de los renombrados teatros en París, Lisboa y Madrid. Aunque el teatro se incendió en 1861, pudo volver a abrir sus puertas al año siguiente. La cuidadosa reconstrucción de Mestres seguía exactamente el plano originario y tan solo renunciaba al segundo piso de palcos.
La fotografía muestra la fachada principal del Liceu con la nueva forma concebida por Mestres en 1874. Su propuesta fue duramente criticada por los demás arquitectos. Le acusaron de que el proyecto era demasiado mediocre y afrancesado, poco acorde con la ciudad.

TEATRE DEL LICEU

Auditorio; plano de la ampliación de Ignasi de Solà-Morales

En 1883 Pere Falqués reformó por completo el escenario y el auditorio, en el transcurso de esta transformación se realizó la suntuosa decoración barroca de los palcos. En la actualidad se lleva a cabo una nueva remodelación bajo la dirección de Solà-Morales y una notable ampliación incorporando los solares vecinos.

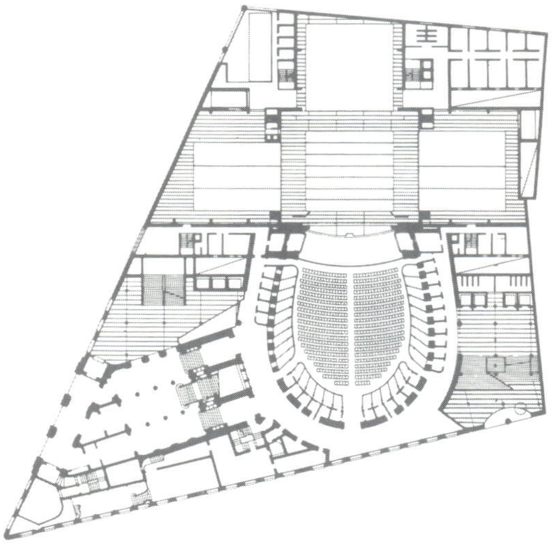

PLAÇA REIAL

Francesc Daniel Molina i Casamajó, 1848–1859

Esta elegante plaza del siglo XIX surgió a raíz de la desamortización de los bienes eclesiásticos. Ocupa un espacio similar al del antiguo convento de los capuchinos que allí se levantaba y muestra una estructura claramente ordenada: las fachadas clasicistas enmarcan un gran patio de 56 metros por 84 que se abre a la Rambla por un lado. Las farolas posteriores del joven Antoni Gaudí le proporcionan la iluminación adecuada.

Pensada en otro tiempo como un jardín subtropical y remanso de paz, fue dotada en 1878 con una elevada fuente rodeada de palmeras y parterres. Pero esta plaza a modo de salón se convirtió rápidamente en un lugar animado y bullicioso.

La Plaça del Duc de Medinaceli en el Passeig de Colom, con la columna del Almirante Galceran Marquet, surgió también por aquel entonces como consecuencia de la secularización de un convento.

PLAÇA DEL DUC DE MEDINACELI

Francesc Daniel Molina i Casamajó, 1849

II

EL PRIMER MODERNISMO EN TORNO A LA EXPOSICION DE 1888

Una empresa internacional especializada en la producción de piezas prefabricadas para la construcción de salas de exposición, consiguió ganarse en 1885 al alcalde de Barcelona, Rius i Taulet, para celebrar la Exposició Universal. En especial Eugenio Serrano de Casanova, un antiguo militar gallego, intervino en el ayuntamiento a favor de esa idea. Le habían fascinado las exposiciones de París, Viena y Amberes y quería conseguir en España el marco adecuado para un acontecimiento tan espectacular.
Serrano solicitó un gran solar de unas 20 hectáreas y se le concedió el terreno sin urbanizar en torno a la Ciutadella. Sin embargo, pronto se puso en evidencia que los proyectos de Serrano eran muy poco seguros: fue necesario reforzar algunos edificios ya terminados y en otros casos ni siquiera estas medidas pudieron evitar el derrumbamiento. Finalmente se delegó la dirección en el arquitecto Elies Rogent.
Algunos edificios de la exposición en el Parc de la Ciutadella ya estaban concluidos desde hacía tiempo, por ejemplo la fuente de la cascada o el Umbráculo. La mayoría de los proyectos posteriores fueron construcciones temporales que volvieron a derribarse al final de la exposición.
Entre los pocos edificios conservados se encuentra el Cafè-Restaurant del Parc que, por otra parte, nunca fue un local de servicio al público. Aunque fue concebido con esa finalidad, no se terminó a tiempo. Hoy día acoge el Museo de Zoología.

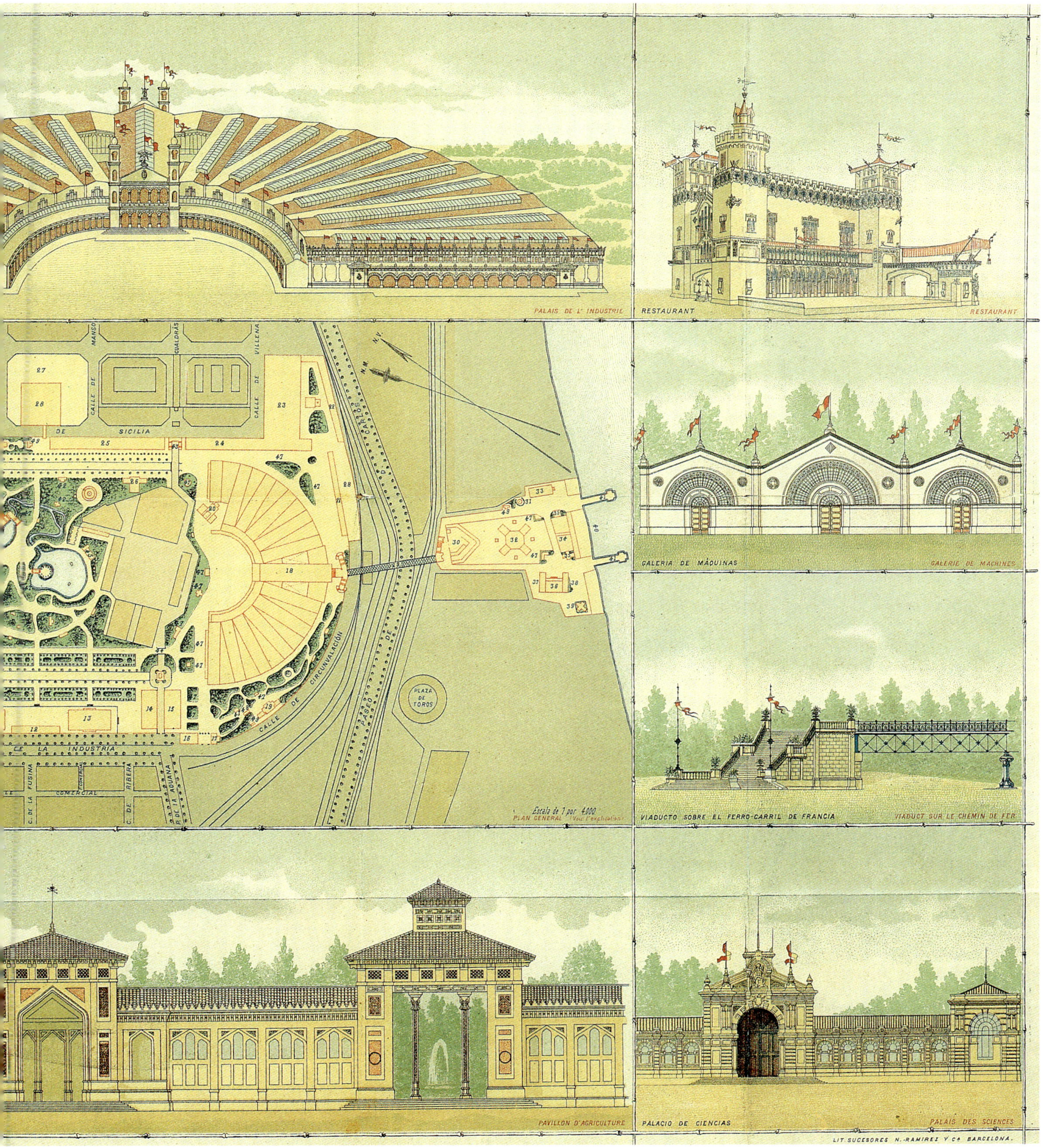
PALAIS DE L' INDUSTRIE
RESTAURANT
RESTAURANT
CALLE DE SICILIA
CALLE DE VILLENA
CALLE DE CIRCUNVALACIÓN
PLAZA DE TOROS
INDUSTRIA
COMERCIAL
RIBERA
Escala de 1 por 4000
PLAN GENERAL
GALERIA DE MÁQUINAS
GALERIE DE MACHINES
VIADUCTO SOBRE EL FERRO-CARRIL DE FRANCIA
VIADUCT SUR LE CHEMIN DE FER
PAVILLON D'AGRICULTURE
PALACIO DE CIENCIAS
PALAIS DES SCIENCES
LIT. SUCESORES N. RAMIREZ Y Cª BARCELONA.

ARC DEL TRIOMF

Josep Vilaseca i Casanovas, 1888
Passeig de Lluís Companys

El Arc del Triomf resulta un tanto oriental, sobre todo las columnas y el arco de medio punto enmarcado con los escudos de las provincias españolas. La compleja decoración a base de ladrillo y el remate de las columnas recuerdan, sin embargo, los motivos medievales. Es posible que Vilaseca, como otros muchos arquitectos en la Exposició Universal, quisiera hacer alusión a la época de apogeo islámico en España. El arco de triunfo fue concebido como un ostentoso portal a la exposición que daba paso a una plaza flanqueada por árboles, estatuas de bronce y farolas, que a su vez conducía al Cafè-Restaurant del Parc de Lluís Domènech i Montaner.
Un friso recorre la parte superior por ambos lados; en uno se representa la participación del poder central de Madrid en la exposición barcelonesa, y en el otro la ciudad dando las gracias a las naciones participantes. Una soberbia torre de 210 metros de altura, la Torre Comtal proyectada por Eugenio Serrano, debía convertirse en el símbolo de la exposición; pero no se llegó tan lejos y el arco de triunfo nunca alcanzó la fama mundial y la popularidad de otros edificios de las exposiciones universales, como la Torre Eiffel de 1889.

CAFE-RESTAURANT DEL PARC

Luís Domènech i Montaner, 1887–1888
Passeig de Pujades/Parc de la Ciutadella

Cascada

Josep Fontserè i Mestres y Antoni Gaudí i Cornet, 1875–1881
Parc de la Ciutadella

DEPOSITO DE AGUA

Josep Fontserè i Mestres y Antoni Gaudí i Cornet, 1874–1877; Lluis Clotet i Ballús e Ignacio Paricio Ansuategui, 1986–1989
Carrer de Wellington 48

La cascada y el pequeño lago de la Ciutadella se habían construido años antes de que el recinto se convirtiera en sede de la Exposición Universal. El pintoresco complejo con una exuberante decoración plástica, no fue ajeno a las críticas: se acusaba a Josep Fontserè de incluir citas neobarrocas inspiradas en el francés Esperandieu que había diseñado algo similar en Marsella. Hoy en día, por el contrario, se especula hasta que punto se puede rastrear en algunas esculturas aisladas y ornamentos la firma de Antoni Gaudí que trabajó aquí mientras estudiaba arquitectura.
Segura es, sin embargo, su participación en el depósito de agua contiguo a la cascada en el Carrer de Wellington. Una estrecha construcción de ladrillo con planta reticulada, situada en el interior del edificio cuadrado, almacena el gran caudal de agua en el tejado. El depósito nutría la cascada con la necesaria presión hidraúlica. Los cálculos técnicos de Gaudí en este edificio impresionaron tanto al profesor de estática en la Escuela de Arquitectura de Barcelona, que le dió por aprobado el examen en esta asignatura y le eximió de asistir a clase. No sin razón: el edificio todavía sigue en pie. Tras la restauración y ampliación de Lluís Clotet e Ignacio Paricio Ansuategui la ciudad lo ha utilizado para celebrar exposiciones.

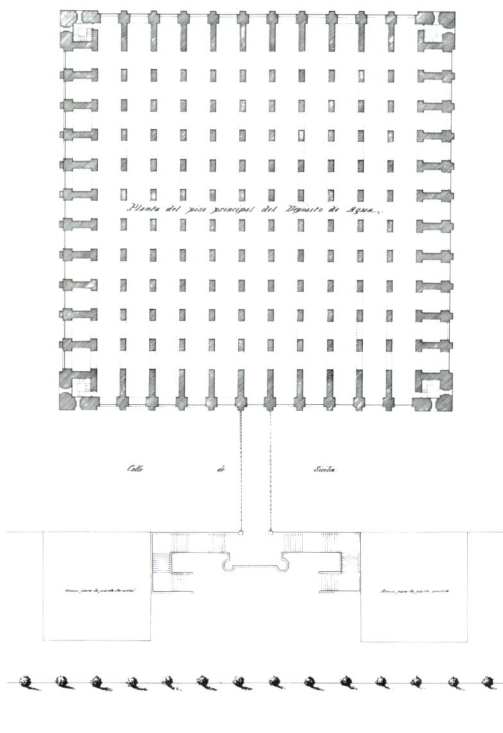

UMBRACULO

Josep Fontserè i Mestres, 1883–1884; Jaume Gustà i Bondia, 1886; Josep Amargós i Samaranch, 1888
Parc de la Ciutadella

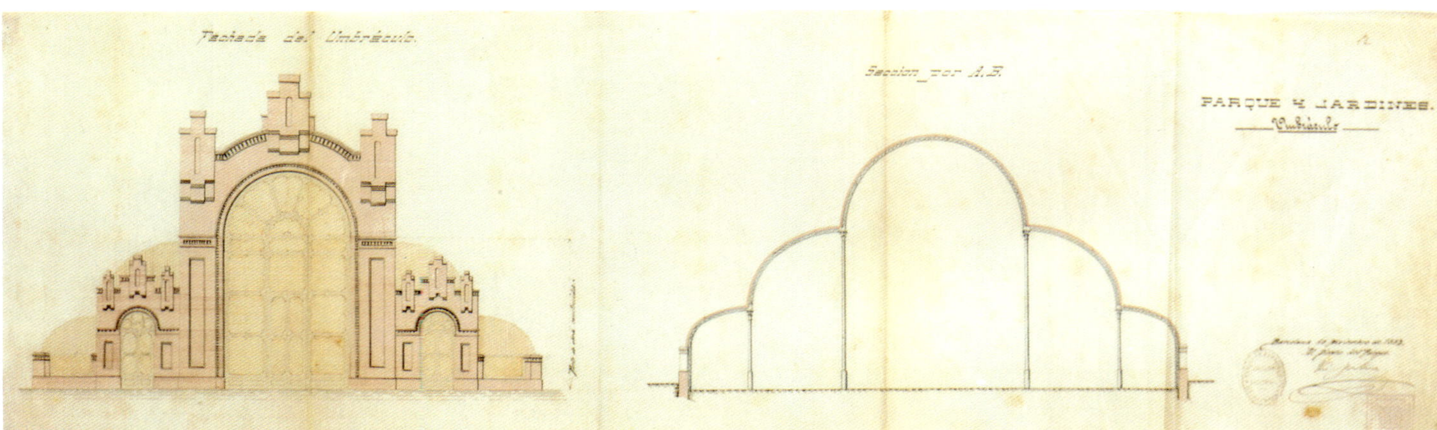

MONUMENTO A COLON

Gaietà Buïgas i Monravà, 1882–1886
Plaça del Portal de la Pau

BARCELONA
A
COLON

PASSEIG DE GRACIA 1888

El Passeig de Gràcia servía de unión entre el casco antiguo y el suburbio de Gràcia que fue incorporado al municipio – contra la voluntad de sus habitantes – en 1897. Tan pronto como el negocio cedía lugar al descanso, esta calle se convertía en el paseo predilecto de la burguesía. Cada domingo actuaban en él los Coros de Clavé y la gente se reunía a tomar chocolate o beber vino. Se podía bailar en el Criadero, el Tívoli o el Euterpe, o bien acudir a uno de los numerosos teatros. En los Campos Elíseos era posible pasear en barca de remos o montar en los caballitos.
A fines del siglo XIX las construcciones se hicieron más elitistas con tiendas exclusivas y elegantes cafés: el Passeig de Gràcia se convirtió en una de las más bellas avenidas europeas.

CURACION RADICAL SEGURA
PERLAS DR WERTHIER
PERLAS DR WERTHIER

La Plaça de Catalunya fue y es un núcleo de comunicaciones básico que enlaza el casco antiguo y las Ramblas con el Passeig de Gràcia, la Rambla de Catalunya y el corazón del Eixample. Durante la Exposición Universal se presentaron en ella diversas atracciones que fascinaron tanto a catalanes como a visitantes extranjeros: una vista panorámica de Waterloo, un circo ecuestre, una pajarera y otras muchas atracciones. Todo el conjunto fue por un tiempo una auténtica arquitectura de exposiciones.

Esta expansión de la ciudad de Barcelona durante el siglo XIX culmina con la Exposición Internacional de 1888, tras un período de resurgimiento económico y cultural – que se llamará «la febre d'or» (1875–1884) – y tras la crisis de 1884–85 a causa de la política librecambista del gobierno de Madrid. Cuando la exposición se celebra, la ciudad ya ha crecido claramente siguiendo los ejes del Passeig de Gràcia y la Rambla de Catalunya, ocupando la parte del Eixample más próxima a la Gran Via y más contigua al casco histórico.[7]

El carácter de este primer Eixample era muy diferente al actual. En primer lugar, dominaba la urbanización por encima de la construcción; es decir había pocos edificios pero las calles estaban trazadas, las aceras urbanizadas y las farolas instaladas. La mayoría de solares estaban sin construir o tenían almacenes y eficicaciones provisonales.[8] Lo típico eran los bloques de viviendas de cuatro pisos con talleres en la planta baja. En los terrenos sin construir se crearon grandes propiedades señoriales.[9]

En este periodo prolifera la obra de arquitectos predecesores del modernismo como Josep Oriol Mestres, Josep Vilaseca, Jeroni Granell, August Font, Joan Martorell, Josep Fontserè y Enric Sagnier i Villavecchia. Todos ellos construyeron una arquitectura ecléctica, basada en los patrones de la composición clásica, rica en ornamentación y referencias a los lenguajes históricos.

Es en torno a esta época de 1888 cuando la ciudad da un nuevo salto. Con el soporte legal de las ordenanzas de 1891, las edificaciones tendrán mayor altura y sus plantas bajas empezarán a poblarse de las tiendas modernistas – farmacias, panaderías, pastelerías, tiendas de ultramarinos, etc. – que han caracterizado a la Barcelona de la época industrial. Parte de estas casas bajas o de edificaciones primitivas va siendo substituida por las arquitecturas residenciales y públicas de los arquitectos modernistas.

La Exposición de 1888 se celebró en el recinto de la Ciutadella, culminando el proceso de apropiación pública de los antiguos terrenos militares. Se conservaron las piezas centrales más representativas – el palacio del gobernador, el arsenal y la capilla – y se aprovechó la infraestructura existente del parque proyectado por Josep Fontserè, acondicionando terrenos para la construcción de todos los pabellones.

Meses antes de inaugurarse la exposición se levantó el monumento a Colón, en el punto en que la Rambla de Santa Mònica toca el mar, utilizando como andamiaje una avanzada estructura metálica provisional proyectada por Joan Torras. Además del Arco de Triunfo, el Umbráculo y otras edificaciones, la que se mantiene como símbolo de la Exposición de 1888 es el Café-Restaurante – denominado popularmente «Castell dels Tres Dragons» – proyectado por Lluís

MATARO
BARCELONA - MATARO

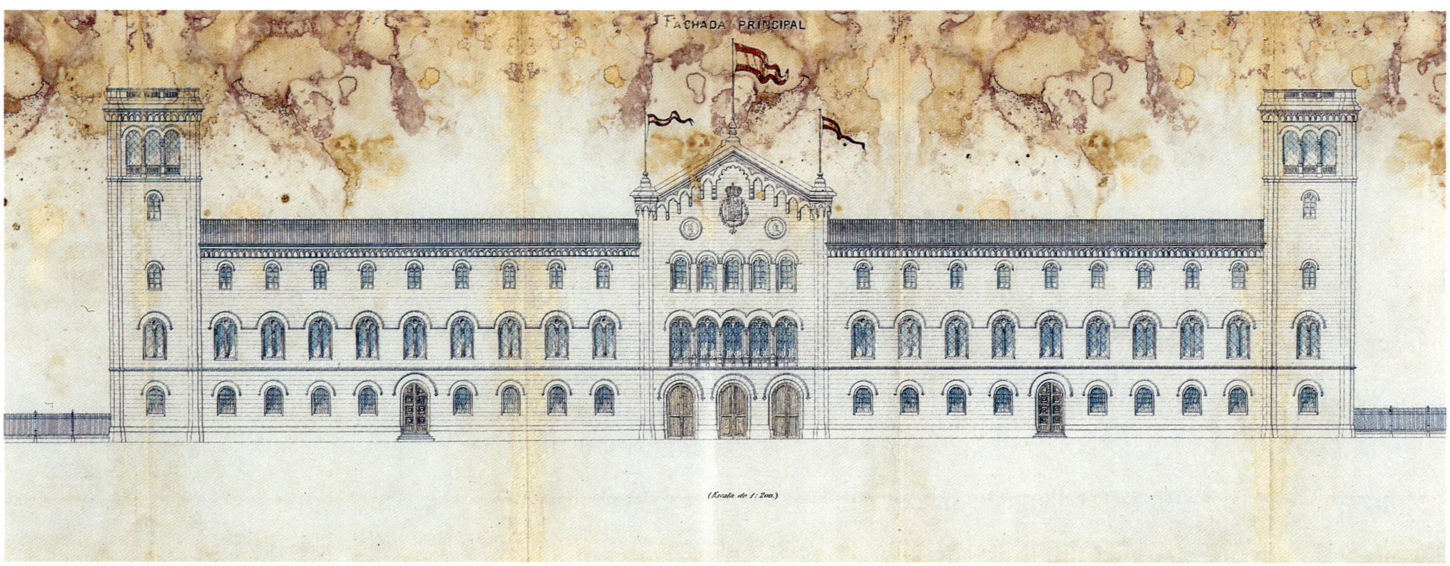
FACHADA PRINCIPAL
(Escala de 1: 200.)

Domènech i Montaner. Este edificio es una buena prueba del avance de la arquitectura catalana, utilizando un lúdico lenguaje historicista basado en la recuperación del saber artesanal de ceramistas, herreros, forjadores, estucadores, carpinteros, etc.
El Modernismo fue sin duda alguna una consecuencia de la industrialización en Cataluña y, al mismo tiempo, fomentó el desarollo de sus características más peculiares. Un proceso en el que se han desarollado con gran riqueza las artes industriales y decorativas, y que encuentra su soporte en focos de formación y trabajo como el Taller de Industrias Artísticas, taller y escuela de artesanos instalado posteriormente en el citado Castell dels Tres Dragons, el Centro de Artes Decorativas o el Taller de Oficios Tradicionales.
Por su capacidad para configurar grandes paramentos de obra de ladrillo con ornamentación historicista y la habilidad para definir un gran espacio interior utilizando estructuras metálicas, es lícito comparar el edificio del Café-Restaurante con una pieza tan singular y protorracionalista como la Bolsa de Amsterdam, proyectada por Hendrick Petrus Berlage y realizada entre 1897 y 1903.
De todas maneras, a pesar de la calidad arquitectónica de esta exposición que señaló el inicio del Modernismo, su incidencia urbana fue muy limitada. Si bien sirvió para remodelar los terrenos de la antigua Ciutadella incorporándolos al Eixample. En realidad, mientras se realizaba dicha exposición en el extremo este de la ciudad, Barcelona crecía en dirección opuesta, hacia el oeste. Seguía el eje del Passeig de Gràcia que se había convertido ya en el auténtico centro representativo, en una avenida de gran amplitud con una arquitectura unitaria, un lugar donde la burguesía quería ver y ser vista.[10] Asistíamos, por tanto, a la manifestación coherente de la Barcelona burguesa que había encontrado en esta exposición y en las arquitecturas representativas del Modernismo su escenario de representación. Pero al mismo tiempo, estaba surgiendo la ciudad proletaria que se situa en los barrios periféricos y en lo que sería el «Manchester catalán»: la gran area industrial que se abre detrás de la Ciutadella y de la estación de Francia, el barrio del Poble Nou.
En torno a las grandes fábricas construidas a mediados del siglo XIX – el «Vapor Vell» de Sants, la fábrica Batlló, la España Industrial, La Maquinista Terrestre y Marítima – se instalan los asentamientos populares. Los incipientes conflictos sociales harán que, al mismo tiempo que la ciudad celebra su industrialización y producción con la Exposición de 1888, la mayoría de las grandes compañías pasen a instalarse fuera de la gran ciudad, a lo largo de los ejes fluviales del Llobregat, el Ter y el Cardener, siguiendo tardíamente el modelo británico de las colonias industriales paternalistas del siglo XVIII.[11]

UNIVERSIDAD

Elies Rogent i Amat, 1859–1873
Plaça de la Universitat

Rogent, el gran precursor y mentor del modernismo catalán, realizó en la Universidad de Barcelona su obra más monumental. La planta de 130 metros de largo y 83 de ancho, sigue los modelos compositivos de simetría y axialidad de la tradición clásica. Los préstamos estilísticos abarcan desde los motivos románicos hasta el clasicismo alemán con citas de la arquitectura bizantina y, sobre todo, del primer renacimiento italiano. Rogent aportó a la arquitectura catalana las ideas del racionalismo francés, como por ejemplo de Viollet-le-Duc, lo cual supuso el abandono del academicismo estilístico y, en un sentido positivo, la libertad formal eclecticista.
En la exposición de la industria de 1877 se colocarón delante de la fachada principal dos fragmentos de puente a modo de pedestal para presentar destacadas conquistas técnicas – en la fotografía la locomotora del tren Barcelona-Mataró.

Dicha empresa fue creada en Barcelona en 1855, partiendo de unos talleres en el Carrer dels Tallers y el Carrer de Sant Pau. Poco después se construyó una primera fábrica en la Barceloneta de la que aún se conservan algunas partes. Entre 1918 y 1925 se realizó esta nueva sede en el barrio de Sant Andreu. La metalurgia catalana experimentó un gran auge con la Primera Guerra Mundial y La Maquinista amplió su producción de locomotoras. La tipología arquitectónica utilizada en Sant Andreu es la de la repetición de naves donde tienen lugar distintas fases del proceso productivo: almacenaje de materiales, calderería, mecanización, ajuste y montaje. La estructura de los pilares y la cubierta es de hierro laminado unido por roblones, de la misma manera que se levantó la Torre Eiffel en París. A pesar de que todo el edificio consiste en una gran estructura metálica, la fachada aparece envuelta por el vestido tradicional de fábrica de ladrillo con apilastramientos, áticos y molduras.

FABRICA BATLLO

Rafael Guastavino i Moreno, 1870–1875;
Joan Rubió i Bellvé, 1927–1931; Manuel Baldrich, 1961 y 1966
Carrer del Comte d'Urgell 173–221

La fábrica Batlló fue una de las más importantes factorías textiles de Barcelona, ocupando cuatro manzanas del plan Cerdà. Proyectada entre 1868 y 1869 por el arquitecto valenciano Rafael Guastavino i Moreno, era conocida como «Vapor Batlló» por disponer de una máquina de vapor y una singular y esbelta chimenea de planta octogonal. La empresa cerró sus puertas en 1895 y se trasladó fuera de Barcelona, ya que en la ciudad los disturbios eran cada vez más frecuentes a causa de las tensiones sociales. En 1906 fue adquirida por la Mancomunidad de Catalunya, la primera universidad autónoma, fundando allí cuatro años más tarde la Escuela Industrial donde todavía hoy se siguen impartiendo clases. Con objeto de adaptarla a su nueva función, se fueron introduciendo reformas en los edificios industriales existentes y se construyeron naves laterales para la enseñanza. Entre estas intervenciones destacan las realizadas en los años veinte por Joan Rubió i Bellvé en el edificio principal y en la entrada de la capilla. Las últimas ampliaciones son obra de Manuel Baldrich.

HIDROELECTRICA DE CATALUÑA

Pere Falqués i Urpi, 1896–1897; Telm Fernàndez, 1910; J.M. Sanz, A. Torra y P. Fochs, 1977–1980
Avinguda de Vilanova 12

Tras la celebración de la exposición de 1888 la Central Catalana de Electricidad encargó a Pere Falqués la realización de una nueva central térmica, terminada en 1897. El edificio consta de dos grandes naves paralelas que contienen las máquinas y los generadores de vapor. Sobre la sala de máquinas hay un piso donde están instaladas las baterías de los acumuladores y en los dos suberráneos se encuentran las instalaciones y galerías de servicio. La estructura de hierro roblonado es capaz de absorber las vibraciones de la máquina de vapor, mientras que los muros de obra vista soportan las cargas. Por esta razón el envoltorio del edificio se basa en una curiosa simbiosis de estructura de ladrillo y entramado metálico. En el proyecto primitivo la fachada se adornaba con relieves de bronce y debía ser coronada por dos grandes pirámides que nunca se llegaron a realizar. Este complejo fue renovado a finales de los años setenta y se convirtió en la sede de las nuevas oficinas de la empresa Hidroeléctrica de Cataluña.

FAROLA

Pere Falqués i Urpí
Passeig de Lluís Companys

TORO-LIDIADO

Si la industrialización fue el motor del Modernismo, en el campo de la arquitectura fue necesaria la existencia de una generación de maestros pre-modernistas como Elies Rogent, Joan Torras i Guardiola y Rafael Guastavino i Moreno que prepararon la teoría y las estructuras materiales del inminente Modernismo. Joan Torras fue el arquitecto que se especializó en el cálculo, diseño y producción de las nuevas estructuras metálicas.[12] El valenciano Guastavino i Moreno realizó durante los años que residió en Barcelona obras espectaculares como la fábrica Batlló del Carrer del Comte d'Urgell (1870–1875) la fábrica Asland (1901–1904). Guastavino perfeccionó el sistema tradicional catalán de bóvedas ligeras hechas de ladrillo, introduciendo tirantes de hierro para proponer bóvedas gigantes que cubrían grandes espacios públicos. En 1881 se instaló en Estados Unidos construyendo edificios como la Grand Central Station o el Mercado del Queensboro Bridge en Nueva York, la Boston Library y diversas iglesias norteamericanas.

Este nuevo principio hacía innecesarios los masivos contrafuertes y aligeraba los tradicionales sistemas constructivos de ladrillo. Los tirantes de hierro podían cruzar libremente el espacio o bien se escondían en el espesor de los muros. Se trataba de combinar la obra de ladrillo con el hierro, de manera que muros y cubiertas soportaran la presión, utilizando los tirantes de hierro para dominar las fuerzas oblicuas que se desarrollasen. Tanto las bóvedas de ladrillo como los tirantes de hierro constituían prácticas tradicionales de la arquitectura catalana. La novedad consistía en la combinación, formando una estructura compensada e inseparable. Logicamente las nuevas concepciones formales sobre las estructuras propuestas por Violett-le-Duc, reinterpretando totalmente los recorridos de las cargas y planteando la separación entre piel y estructura, sirvieron de criterio a esta aportación autóctona.[13] Está claro, pues, que este sistema se convertiría en la base de la arquitectura modernista catalana. El ejemplo pionero lo constituyeron los Docks o Almacenes Generales de Comercio proyectados por Elies Rogent (1874), desgraciadamente destruidos a causa de las recientes obras de la Vila Olímpica.

Elies Rogent (1821–1897), primer director de la Escuela de Arquitectura de Barcelona creada en 1877, fue el auténtico mentor y teórico de los arquitectos modernistas.[14] En su proyecto ya mencionado para la Universidad de Barcelona expresó las fuertes influencias recibidas de Viollet-le-Duc y el conocimiento de arquitectos como Leo von Klenze y Friedrich von Gärtner.

La más espectacular y funcional consecuencia de estos avances tecnológicos son los nuevos mercados, como el ya citado de Sant Josep, el del Born, (1873–1876) y el de Sant Antoni (1876–1882). Previamente, en 1847, se había cons-

Tiendas en los soportales del Carrer del Rec; puesto de venta de toro lidiado frente al Mercat Ninot.

MERCAT DE SANT JOSEP

Josep Mas i Vila, 1836–1840
La Rambla 85–89

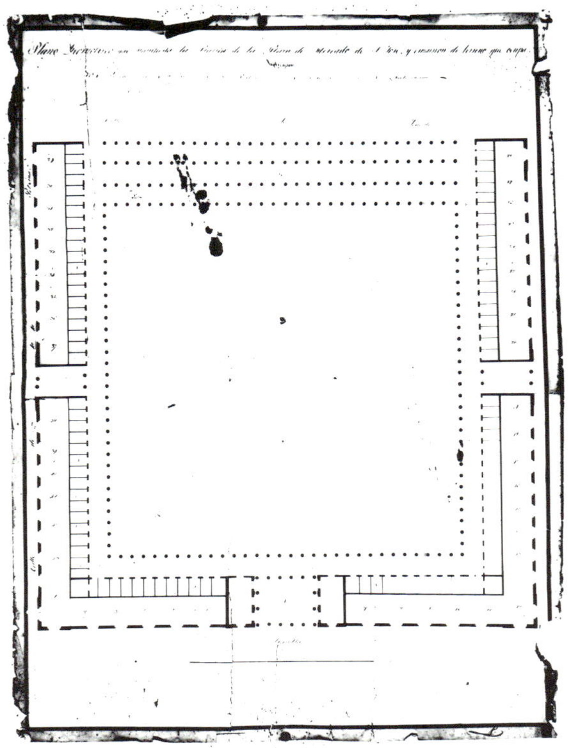

Cuando la Pla de la Boqueria ya no pudo dar cabida a los numerosos vendedores y los puestos comenzaron a extenderse a lo largo de la Rambla de Sant Josep provocando enormes dificultades, el ayuntamiento decidió intervenir. Se construiría un nuevo mercado en el solar del convento de las carmelitas de la Plaça de Sant Josep destruido en un incendio: una plaza abierta enmarcada por un pórtico jónico. Pero antes de que se concluyeran los primeros trabajos, se comenzaron a propagar las protestas de vecinos y comerciantes que exigían una nave cerrada y techada, lo que terminarían consiguiendo en 1870.

MERCAT DEL BORN

Josep Fontserè i Mestres y Josep Maria Cornet i Mas, 1873–1876
Plaça Comercial 12

Los nuevos mercados, en especial el Mercat del Born, anuncian en España la época de la arquitectura del hierro y Barcelona muestra con orgullo que todos los materiales necesarios proceden de Cataluña. El edificio se estructura mediante dos naves de distinto largo que se cruzan en el centro cubierto con una cúpula octogonal. Las naves secundarias discurren paralelamente a la nave longitudinal, creando así una forma rectangular.

El Mercat de Sant Antoni, que ocupa toda una cuadrícula, es el único mercado de Barcelona que se atiene a las directrices de Cerdà. Las dos naves diagonales configuran una cruz griega con una clara estructura geométrica que concuerda exactamente con los proyectos propuestos por Cerdà para las plazas públicas. Durante la semana se venden en él frutas tropicales, verdura y pescado fresco; mientras que los domingos se alinean en la Ronda de Sant Antoni los puestillos de libros usados.

MERCAT DE SANT ANTONI

Antoni Rovira i Trias y Josep Maria Cornet i Mas, 1876–1882
Carrer del Comte d'Urgell

truido el de Santa Catalina con una estructura aún de madera. Desde la Edad Media el lugar físico del mercado se había concentrado en plazas; a lo largo de la segunda mitad del siglo XIX se transforman de espacio abierto en espacio cerrado, aprovechando las posibilidades para cubrir grandes espacios a base de columnas de hierro colado y vigas metálicas. Este foco de vida cotidiana, donde conviven variedad de alimentos, vitalidad de colores, estímulo de olores y coro de voces, se ha mantenido hasta hoy como elemento de identidad y aglutinador de los barrios barceloneses.

Paralelamente a la celebración de la Exposición de 1888, en los puntos más representativos de la ciudad van apareciendo los primeros ejemplos del Modernismo. En primer lugar, las casas de vecinos proyectadas por Lluís Domènech i Montaner (1850–1924) y las dos sedes editoriales, actualmente remodeladas. La antigua editorial Montaner i Simon (1879–1885), precioso ejemplo premodernista y protorracionalista, se ha convertido en la Fundación Antoni Tàpies con una singular escultura – «Nube y silla» – coronando su fachada. La editorial Thomas (1895–1898) es ahora sede de B. D. Ediciones de Diseño (1979), que se ha dedicado a la promoción del diseño más innovador y posmoderno.

Las dos obras más complejas de Lluís Domènech son el Palau de la Música Catalana (1905–1908) – de planteamiento espacial protorracionalista pero de ornamentación recargada hasta el éxtasis – y el Hospital de la Santa Creu i de San Pau (1902–1911) – una auténtica ciudad sanitaria, acorde con las pautas de las Beaux-Arts. Toda la obra de Domènech es una perfecta muestra de como la arquitectura, trabajando en equipo con todo tipo de artesanos, se convierte en la responsable de la integración de las diversas artes aplicadas en un todo. Este hecho responde al deseo de síntesis de las artes que recorre la arquitectura desde William Morris hasta el sincretismo de la arquitectura mexicana de los años cuarenta pasando por Walter Gropius y Le Corbusier.

Lluís Domènech i Montaner, discípulo de Elies Rogent, con su escrito «En busca de una arquitectura nacional» (1878), anunciaba ya la llegada del Modernismo.[15] Es durante estos años cuando asistimos a la aparición de las primeras obras del arquitecto Antoni Gaudí i Cornet (1852–1926), quien tiene formación académica y ha pasado por la escuela de las Beaux-Arts, con una gran admiración por el racionalismo estructural de Voillet-le-Duc y la ética medievalista de John Ruskin.

Gaudí, que trabajó inicialmente con Josep Fontserè, construirá en los primeros años de actividad la Casa Vicens (1878–1888) en Gràcia, para Manuel Vicens i Montaner, una villa suburbana de cerámica vidriada en la que afloran influen-

EDITORIAL MONTANER I SIMON

Lluís Domènech i Montaner, 1879–1885;
Lluís Domènech i Girbau y Roser Amadó
i Cercós, 1985–1990
Carrer d'Aragó 255

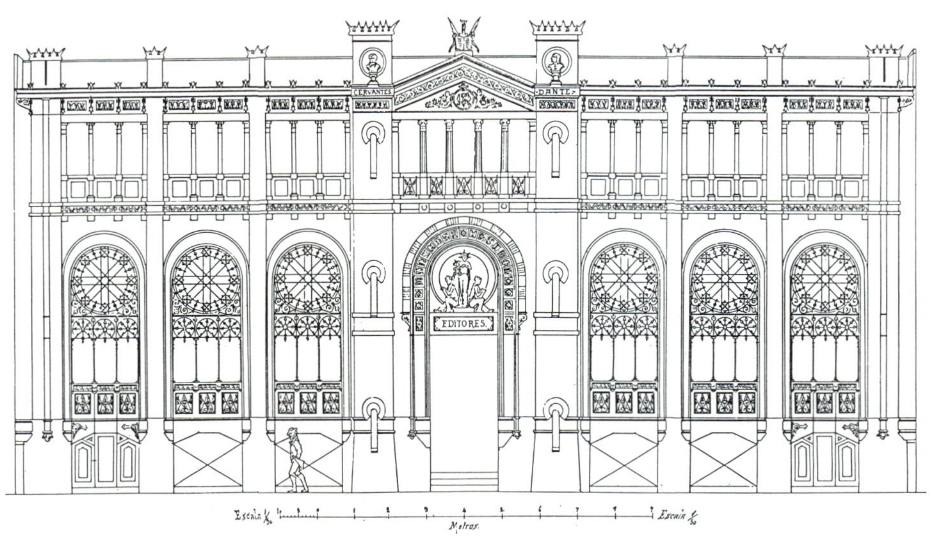

EDITORIAL MONTANER I SIMON

Las salas de la editorial tras la reforma para convertirla en la Fundació Antoni Tàpies; planos

La firma de Domènech se observa en la clara organización de esta antigua editorial y la espectacular construcción de hierro fundido. Hoy en día da cobijo a la Fundación Antoni Tàpies cuya escultura «Nube y silla», a base de dos kilómetros y medio de alambre de aluminio, corona el tejado. Por lo demás se ha mantenido la fachada original, el relieve situado encima de la entrada se inspira en el estilo ornamental mudéjar.
El interior fue remodelado cuidadosamente por Roser Amadó y Lluís Domènech, biznieto del arquitecto, y ha llegado a convertirse en un foro del arte moderno. Se han mantenido las columnas y galerías que estructuran el espacio, combinándose con una discreta arquitectura para exposiciones. En la biblioteca de la fundación se conservan las altas estanterías de madera maciza de la antigua editorial.

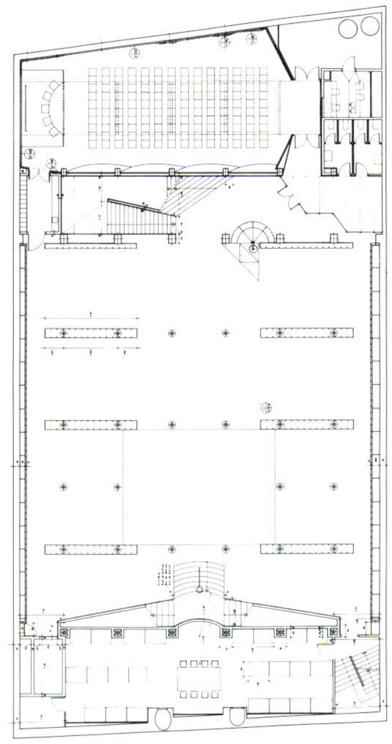

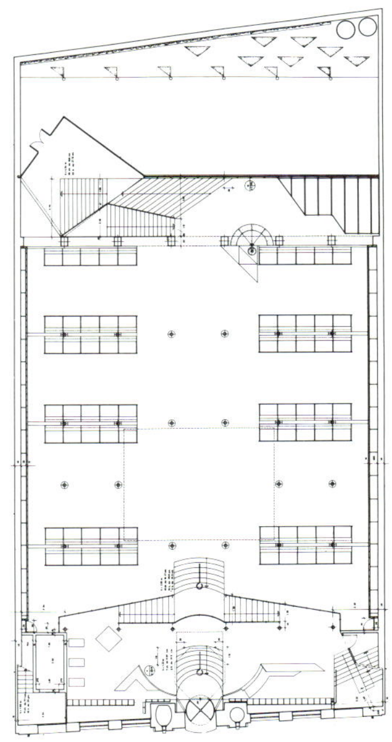

CASA THOMAS

Lluís Domènech i Montaner, 1895–1898;
Francesc Guàrdia i Vial, 1912; Studio PER, 1979
Carrer de Mallorca 291–293

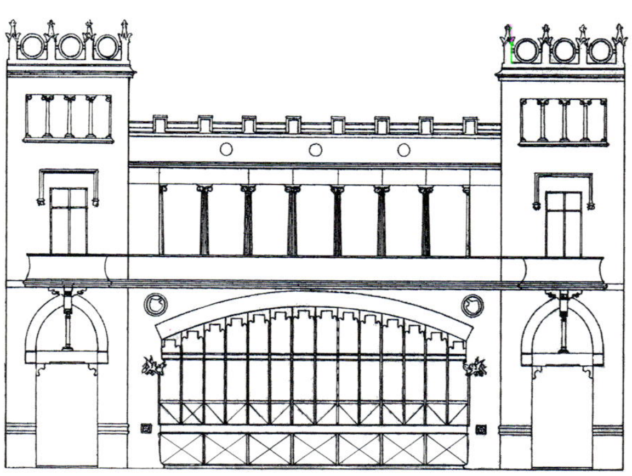

La Casa Thomas fue en un principio un edificio de dos pisos que debía servir de vivienda y comercio. En la ampliación de 1912 se mantuvo la planta baja, se construyeron tres pisos completamente nuevos, y se colocó el antiguo primer piso como remate. Tras una cuidadosa renovación a finales de los años setenta, se ha convertido en una sala de exposiciones del diseño moderno.

CASA MARTI

Josep Puig i Cadafalch, 1895–1896
Carrer de Montsió 3

Partiendo de un concepto ornamental y estructural neogótico, la Casa Martí aglutina elementos historicistas y modernistas. «Els Quatre Gats», en la planta baja de la casa Martí, fue desde siempre un popular centro de reunión de los artistas. El pintor Pere Romeu, que pretendía imitar el ejemplo parisino de «Le Chat Noir», decoró este local. Pablo Picasso fue uno de sus cliente habituales.

FINCA GÜELL

Antoni Gaudí i Cornet, 1884–1887
Avinguda de Pedralbes 77

cias medievales e islámicas; el Convento Teresiano (1880–1890), con reminiscencias mudéjares en su estructura interior; la Casa Calvet (1889–1904), en el Carrer del Casp; y el Palau Güell (1885–1890), muy cerca de las Ramblas, con unos interiores medievalizantes y suntuosos especialmente estudiados para que penetren los rayos solares. En este primer período Antoni Gaudí parte del eclecticismo establecido, tiende hacia el neogótico, pero empieza a expresar cierta sintonía con Charles Rennie Mackintosh y con el Art Nouveau.

CASA VICENS

Antoni Gaudí i Cornet, 1878–1888
Carrer de les Carolines 18–24

Cuando Gaudí tenía 26 años, poco después de acabar sus estudios de arquitectura, obtuvo el encargo de construir una casa de verano para la familia del fabricante de cerámica y ladrillos Manuel Vicens, uno de sus primeros mecenas. Disponía de un solar relativamente pequeño en Gràcia que, por aquel entonces, se encontraba en las afueras de Barcelona. No obstante, consiguió crear un amplio jardín ya que la casa no se levantó en el centro, sino en un lado del solar cuadrangular. Las ampliaciones posteriores destruyeron parte del jardín, si bien se ha conservado la hermosa verja con hojas de palmito hechas de hierro colado.
El edificio en sí es una auténtica obra de arte: mientras en las fachadas de la planta baja se mantiene un estilo más bien español, Gaudí crea en los pisos superiores y el tejado impresiones de gusto árabe. Dominan las superficies con decoración ajedrezada de azulejos y las bandas en torrecillas, balcones y frentes. Huelga decir que ladrillos y azulejos procedían de la fábrica del mecenas que, de este modo, convirtió la casa en un auténtico manifiesto publicitario de su empresa.
La originalidad y la abundante decoración de las fachadas recuerda a los palacios orientales e induce a creer que el edificio es más grande de lo que en realidad es.
En el interior predomina una exótica sensación de confort. La fantasía ornamental de Gaudí no descuida ni un centímetro cuadrado de las paredes y los techos: ejemplo de ello son el salón y el techo del comedor decorado con ramas de cerezo realizadas en estuco pintado.

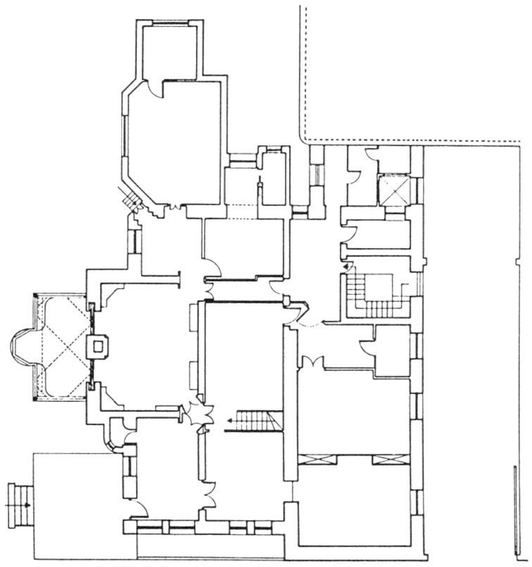

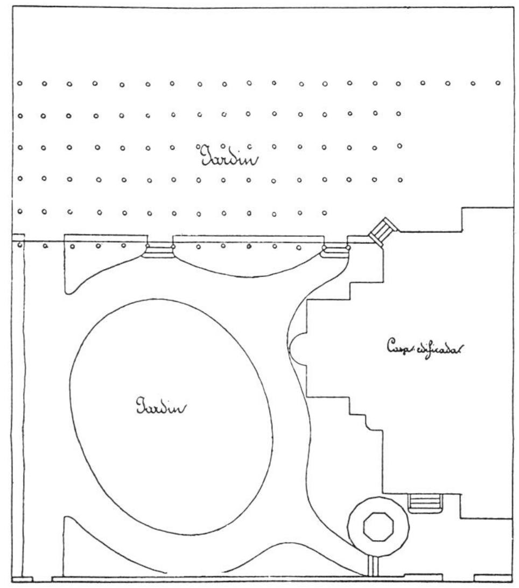
Jardin
Jardin
Casas edificadas

CASA VICENS

Salón y techo del comedor

PALAU GÜELL

Antoni Gaudí i Cornet, 1885–1890
Carrer Nou de la Rambla 3 y 5

Un solar de apenas 400 metros cuadrados no era suficiente para un palacio, ni tampoco la zona era la típica para erigir un edificio de lujo. Pero que importancia tienen los criterios usuales cuando un arquitecto genial como Antoni Gaudí cuenta con el apoyo de un propietario generoso como Eusebi Güell i Bacigalupi. Este importantísimo mecenas de Gaudí, más tarde también su amigo íntimo, le ayudaría a conseguir su primer gran éxito con este encargo. Güell procedía de una familia modesta, había hecho fortuna en América, y había entrado a formar parte de la nobleza con el título de conde; era un patriota catalán que nunca olvidó su origen social, no era un hombre avaro sino un cosmopolita con estilo.

Güell quería un palacio urbano: céntrico, a la vuelta de la esquina estaban las Ramblas, no se encontraba lejos del puerto ni tampoco en el barrio más noble. Había comprado en el antiguo Conde del Asalto un solar de sólo 18 metros por 22 para construir su nuevo domicilio en la ciudad. Y de hecho lo que Gaudí consiguió a partir de aquel difícil encargo, se convirtió en el marco ideal de numerosas recepciones, lecturas en público y conciertos.

Gaudí dibujó más de 20 variantes para la fachada. Al igual que Güell prefería una solución simple y simétrica al estilo veneciano, en cualquier caso los dos arcos catenarios eran de una novedad irritante. El modernismo temprano de la artificiosa decoración de hierro cincelado en los arcos y en el espacio central – entre las puertas el escudo catalán y en los arcos las iniciales del propietario – desvía la atención de la sobria estructura de la fachada.

PALAU GÜELL

Fachada posterior y vista del tejado

La simetría de la fachada principal apenas deja entrever la complejidad interior del palacio. El Palau Güell es un paraíso de soluciones espaciales en su interior: como las bóvedas del sótano destinado a los carruajes y los caballos, o el vestíbulo de entrada que se abre tras las dos grandes puertas de la planta baja, pero sobre todo el salón noble del primer piso. La estrechez del mismo no provoca extrañeza dada su fabulosa altura superior a los 17 metros. Una torre cónica sobre la terraza del tejado acoge la cúpula del salón y hace posible su altura. Al mismo tiempo encontramos una serie de lucernarios que iluminan el interior y de día semejan un cielo estrellado.

La torre no es la única figura caprichosa sobre el tejado: la acompañan 18 chimeneas y torres de ventilación no menos fantásticas. Constituyen los primeros estudios prácticos de Gaudí para sus famosas esculturas de la Casa Batlló y la Casa Milà.

En la sencilla fachada posterior predomina una celosía gigante. Si no existieran las esculturas surrealistas de la cubierta, se podría creer que se trata de un bloque de viviendas convencional.

PALAU GÜELL

Salón del primer piso con el mobiliario originario y artesonado del mismo.

PALAU GÜELL

Cúpula del salón noble del primer piso; sofá del dormitorio del propietario en el segundo piso.

III

EL MODERNISMO PLENO

LA SAGRADA FAMILIA

Francisco de Paula del Villar i Lozano, 1882–1883; Antoni Gaudí i Cornet, 1884–1926
Plaça de la Sagrada Familia

La obra fue proyectada inicialmente por el arquitecto del Villar a partir de criterios estilísticos y compositivos góticos. Pronto se traspasó el encargo a Antoni Gaudí que lentamente fue transformando el proyecto hasta convertirlo en una de las obras más singulares del siglo XX, en una creación artística irrepetible. Este trabajo ocupó una parte importante de su vida, rehaciendo continuamente los dibujos, realizando maquetas y buscando siempre nuevas soluciones para los detalles.

A su muerte, en 1926, sólo se había realizado la fachada de oriente, la del Nacimiento. A partir de entonces el proyecto fue continuado por sus discípulos; sin embargo, con los años han aumentado las críticas a una obra que cada vez está más lejos de la firma personal que, cuerpo a cuerpo, le imprimió Gaudí. Esta polémica ha llegado hasta nuestros días, sobre todo tras la incorporación en 1986 de Josep Maria Subirachs, encargado de realizar esculturas modernas para las fachadas.

ESCUELAS PARROQUIALES DE LA SAGRADA FAMILIA

Antoni Gaudí i Cornet, 1906
Carrer de Mallorca 403

Esta pequeña escuela con un tejado ondulado fue pensada en principio como una obra provisional. Constituye una original reintepretación de las gigantes bóvedas catalanas de ladrillo, convirtiéndose en una pieza ejemplar. El encofrado de la cubierta, suavemente modelada y de aspecto irregular, se compone tan solo de elementos rectos. Le Corbusier fue uno de los admiradores de esta pequeña obra que encierra en su simplicidad toda la originalidad, organicidad y dinamismo de la arquitectura de Gaudí.

Hacia 1900 se puede considerar que el Modernismo se había implantado de una manera amplia. Pensado de manera elitista para las clases burguesas, surge al mismo tiempo que el Art Nouveau y otras manifestaciones europeas similares, como el Jugendstil, la Liberty, la Sezession, etc. El Modernismo no se puede considerar como un movimiento puro y unitario, ya que a pesar de la existencia de unos rasgos comunes determinados por el hecho de la contemporaneidad, resultó de la mezcla y evolución de muy diversas tendencias y aportaciones indiviudales.[16] Los campos donde se desarrollará de manera más completa serán el de la arquitectura y las artes decorativas.

El Modernismo en Cataluña fijó su atención en París, punto de referencia de muchos artistas, y en los teóricos ingleses John Ruskin y William Morris, que empiezan a ser traducidos a partir de 1901. Y el Modernismo como proyecto global y social se pudo construir en Cataluña en razón de la pequeña escala del país, de su constitución orgánica y de los estrechos lazos existentes entre la burguesía local. Una especie de sentimiento patriótico, religioso y económico común, potenció una gran permeabilidad de ideas entre políticos, intelectuales, artistas e industriales.

El Modernismo en arquitectura, desarrollado casi exclusivamente en Cataluña y, sobre todo en la ciudad de Barcelona, destaca por una serie de rasgos: edificios articulados según las reglas de composición de las Beaux-Arts pero cuya morfología toma referencias orgánicas medievalizantes e históricas; profusión en la decoración basada en la obra menuda y detallista de la fábrica de ladrillo, que subraya la belleza natural del material e impone sutiles acentos en el edificio.

Indudablemente el máximo representante del Modernismo en arquitectura es Antoni Gaudí. Y su obra más significativa es el Templo Expiatorio de la Sagrada Familia que por su desarrollo tan lento – Gaudí trabaja en ella durante más de cuarenta años, desde 1884 hasta 1926, solo con la interrupción de la Primera Guerra Mundial[17] – se produce en paralelo a sus obras de madurez y resume la evolución de su última época.[18] El elemento más sorprendente, las torres de morfología arcillosa, no tienen relación con la imaginería del Art Nouveau sino que proceden de analogías naturales y construcciones nativas del Norte de Africa. Y junto a la Sagrada Familia está la obra que más admiró Le Corbusier: la pequeña escuela de cubiertas ondulantes (1906).[19]

A su muerte, con la Sagrada Familia en construcción, Gaudí dejó en herencia un motivo de polémica. Sin prácticamente planos – Gaudí realizó la obra de la Sagrada Familia siguiendo un proceso de continua experimentación – el conjunto se ha continuado a la manera del artista pero con ausencia de sentido de la contemporaneidad. En realidad, Gaudí solo dejó acabados unos fragmentos.

CASA BATLLO

Antoni Gaudí, 1904–1907
Passeig de Gràcia 43

Quien sólo tenga tiempo para un curso acelerado de arquitectura modernista, lo mejor que puede hacer es dar una vuelta por el Passeig de Gràcia. En la que se ha llamado «la manzana de la discordia» aparecen juntas: la Casa Lleó Morera de Domènech i Montaner, la Casa Amatller de Puig i Cadafalch, además de la casa Batlló y un poco más lejos la Casa Milà, ambas de Gaudí. La comparación directa de las fachadas pone de manifiesto las concepciones individuales de estos tres importantísimos arquitectos del Modernismo en Barcelona: la libre interpretación modernista de la Casa Lleó Morera, el neogoticismo del hastial escalonado y la ornamentación geométrica de la Casa Amatller y las formas orgánicas inspiradas en la naturaleza de los proyectos de Gaudí.
En la remodelación de la Casa Batlló Gaudí pudo expresarse con plena libertad, ya que el dueño, Josep Batlló i Casanovas un rico empresario textil, no le impuso ninguna directriz. Gaudí dotó a la fachada de un inusual aspecto similar al de un organismo vivo. El piso principal ocupa abarca cinco balcones con una decoración de piedra que parece modelada en arcilla y extrañas barandillas similares a máscaras. El mosaico de la fachada levemente ondulada nos recuerda a la piel de un reptil gigantesco. Asociaciones parecidas nos sugieren las «escamas cerámicas» del tejado que, con mucha destreza, sirve de intermediario entre los distintos niveles de las casas vecinas.

ANCO ESPAÑOL
PELICULAS

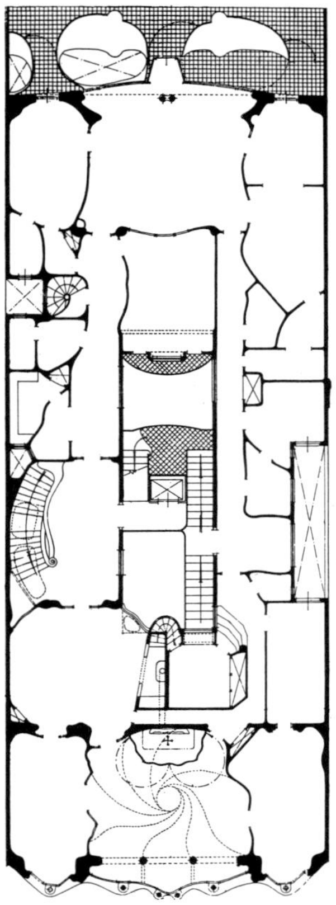

Lo que se ha realizado tras su muerte es una burda imitación. Ello ha motivado que, desde los años sesenta, no hayan cesado los movimientos de crítica a la continuación de una obra que con el tiempo se ha convertido en una catedral del «kitsch».

La etapa madura de la obra de Gaudí, más allá de los rasgos estilísticos personales, está movida por la búsqueda de nuevas estructuras ligeras que permitan configurar grandes espacios. De ahí su interés por estudiar la lógica estructural de la arquitectura gótica. Para ello utilizará la experimentación más pura y la abstracción formal más rigurosa, tomando siempre como referencia las formas de la naturaleza. La planta de la azotea de la Casa Milà, la sala hipóstila del Parc Güell y el espacio de la inacabada cripta de la Colonia Güell (1898–1915) son tres de sus obras más ricas en cuanto a la organización espacial y la estructura orgánica.

La obra urbana más espectacular es la Casa Milà, llamada popularmente «La Pedrera» (la cantera), en el Passeig de Gràcia (1906–1910). Se trata de una solución extrema de exuberancia y expresividad dentro de las coordenadas de la arquitectura del Eixample. La innovación más importante que presenta con relación a las casas de alquiler consiste en la supresión de la escalera de vecinos, de manera que a las viviendas solamente puede accederse mediante el ascensor o a través de las escaleras de servicio. Ello conlleva una solución totalmente innovadora de los patios, eliminando los pequeños e insalubres patios tradicionales y reagrupándolos en dos de grandes dimensiones y forma espectacularmente orgánica. Gaudí propuso una planta libre que le permitió organizar una rica secuencia de espacios domésticos con pasillos perimetrales a los patios, paredes curvas de trazado poligonal y cielos rasos sinuosos. En la Pedrera no existe ninguna línea recta. La fachada de piedra, con formas ondulantes y barandillas amorfas como algas marinas, rememora las huellas que el tiempo y el mar dejan en las rocas. El éxtasis del edificio se alcanza en la azotea, toda ella accesible, con mansardas de perfil sinuoso y todos los elementos de ventilación y chimeneas convertidos en formas dinámicas, helicoidales y fantasmagóricas.

Su obra más ligada al paisaje, encargada por su principal mecenas Eusebi Güell, fue el Parc Güell (1900–1914). Este inmenso conjunto es un auténtico universo de formas e iconologías que se refieren al peculiar mundo de Gaudí: la naturaleza, el cristianismo, Cataluña y el Mediterráneo. Se trata de una exuberante síntesis tras la cual aparecen reinterpretados los sistemas clásicos – como la columnata dórica. Al mismo tiempo se manifiesta la lógica de la producción industrial y en serie, como en los bancos curvos sobre dicha sala hipóstila recubiertos de fragmentos de cerámica. En consonancia con la plasticidad bio-

CASA BATLLO

La fachada tras la remodelación de Antoni Gaudí; planta del edificio

CASA BATLLO

Escalera que conduce al piso principal

Las formas onduladas caracterizan también el interior de la casa: los techos, las paredes, las puertas, las barandillas, las puertas de cristal, las claraboyas y las grandes vidrieras de colores, crean una luz suave y agradable. Muy original resulta la solución empleada en la escalera principal en el patio del estrecho y profundo solar. Las ventanas aumentan de tamaño a medida que se asciende para conseguir la misma iluminación en los pisos inferiores que en los superiores. Las tonalidades de los azulejos de las paredes, de azul oscuro hasta claro, sirven también para regular la intensidad luminosa.

CASA BATLLO

Descansillo de la escalera y ascensor en el patio con cubierta de cristal

lógica de la arquitectura de Victor Horta y Hector Guimard, Gaudí realizó un parque naturalista neorromántico cuyos espacios, arquitecturas y arbolados evocan la música de Richard Wagner y el universo de las fábulas de Gulliver.

En esta etapa de madurez también construirá en el Passeig de Gràcia la Casa Batlló (1904–1907), que, en realidad, no es una estructura nueva sino la remodelación de una casa de vecinos.[20] La articulación ósea de columnas de piedra curvilíneas, las barandillas de hierro en forma de máscara y la azotea de cerámica vidriada potencian la total reconversión de la fachada. Al mismo tiempo, su cubierta ondulante e inclinada es una obra maestra de integración en el entorno. Los arquitectos del Modernismo aprovecharon la estructura homogénea del ensanche Cerdà y la arquitectura unitaria, neutra y eclecticista de los maestros de obras, como soporte de sus intervenciones individuales y exuberantes. Pero, en el fondo, demostraron que eran totalmente contrarios al trazado isótropo de Cerdà y hubieran deseado una ciudad de bulevares, diagonales, paseos sinuosos, plazas y todo tipo de irregularidades y singularidades.

La herencia arquitectónica de Gaudí se mantuvo viva en una serie de talentosos discípulos que intentaron arrancar de su Modernismo naturalista, pero que a la larga evolucionaron hacia el «Noucentisme» y el Protorracionalismo.[21] Nos referimos a Francesc Berenguer, Joan Rubió i Bellvé[22] y, especialmente a Josep Maria Jujol cuya singular obra se realiza fuera de la ciudad de Barcelona, a excepción de la Casa Planells (1923–1924) en la Avinguda Diagonal y la fuente de la Plaça d'Espanya para la exposición de 1929.[23]

La obra de Josep Puig i Cadafalch (1867–1957) sigue también una fuerte evolución dentro de la cual tienen una importancia destacada los estudios históricos y arqueológicos que llevará a cabo. La Casa Amatller (1898–1900) y la Casa de les Punxes (1903–1905) son dos de sus obras más importantes del periodo modernista que muestran su voluntad de hacer ciudad a partir del tema de la casa y la escala doméstica. Poco a poco, el trabajo en torno a la casa y la ciudad le llevará a posiciones que abandonarán el singularismo y preciosismo del Modernismo por la voluntad urbana y aúlica del «Noucentisme».

El complejo industrial de la fábrica Casaramona (1909–1911) constituye su obra más completa y espectacular. Alcanza el tamaño de una manzana del Eixample y la definición de todos los espacios se basa en la utilización masiva de la bóveda gigante de ladrillo a la catalana sobre columnas de hierro y reforzada por tirantes metálicos. Dos torres de agua sirven de elementos simbólicos que, con su verticalidad de carácter goticistica, hacen contrapunto con la horizontalidad del conjunto. La polifacética actividad de Puig i Cadafalch como arquitecto, promotor de la cultura catalana, político e historiador, formaba parte de un plan coherente y unitario. Se trataba de un amplio proyecto para el cual era imprescindible un trabajo en diversos frentes: dirigir las instituciones políticas y culturales, y preparar los conocimientos históricos y arqueológicos que legitimaran un nuevo arte y un nueva arquitectura nacionales. Para demostrar la validez formal de estos principios, había que realizar una arquitectura modelo e intervenir en las estructuras urbanas, el marco de la sociedad civil.[24]

CASA AMATLLER

Josep Puig i Cadafalch, 1898–1900
Passeig de Gràcia 41

Al igual que la Casa Batlló, se trata también de una remodelación. Puig i Cadafalch – político, historiador, arqueólogo y arquitecto a un tiempo – es considerado un destacado intérprete del Modernismo neogótico. Aunque sustituye con motivos geométricos las formas onduladas y la exuberante decoración del Modernismo, mantiene sus colores y materiales – el vidrio de colores, la cerámica decorada y el esgrafiado. En la fachada de la Casa Amatller aparecen rasgos del gótico catalán, como en la concepción de las ventanas y balcones del segundo piso y del cuarto, o bien las arcadas de la planta baja y el tercer piso. Cadafalch los combina de una forma elegante con elementos estilísticos de la tradición arquitectónica de los Paises Bajos, cubriendo el frontispicio escalonado con azulejos de colores. Hay que destacar también los trabajos escultóricos de Eusebi Arnau en el portal de la entrada y sobre los balcones.

Hoy en día es sede del Instituto de Arte Español. El público tiene acceso al vestíbulo donde se pueden contemplar las vidrieras y los magníficos candelabros, así como las obras de cerámica y las esculturas.

CASA AMATLLER

Detalles de la escalera y lámpara en el piso principal

Sala d'Actes

CASA MACAYA

Josep Puig i Cadafalch, 1899–1901;
Jaume Bach y Gabriel Mora, 1989
Passeig de Sant Joan 106

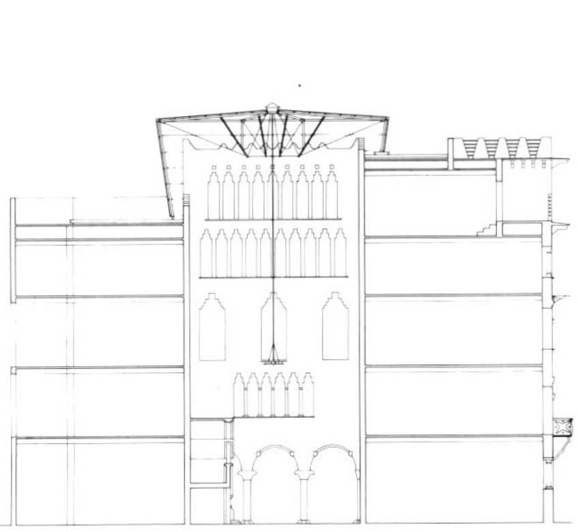

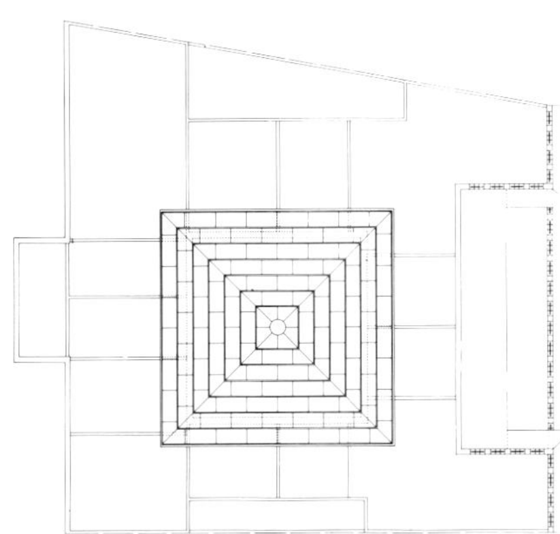

CASA MACAYA

Detalles de la fachada y el patio

Puig i Cadafalch siguió los principios de la Casa Amatller en la remodelación de este edificio. Ambos proyectos son ejemplos importantes de su fase modernista.

Tanto el gran patio interior con la escalera, como la fachada blanca y las rejas de hierro forjado, rememoran los edificios renacentistas en Valencia o Palma de Mallorca. Los esgrafiados de la Casa Macaya anuncian ya la tendencia a volver a las tradiciones locales que más tarde marcará su obra como una variante populista del «Noucentisme».

Tras la remodelación de Jaume Bach y Gabriel Mora se ha convertido en la Sede Cultural de la Caixa de Pensions, uno de los bancos españoles más importantes. El proyecto más espectacular fue la instalación de una pirámide invertida de acero y cristal sobre el patio.

CASA MACAYA

Arcadas del patio y puerta de entrada

CASA TERRADES

Josep Puig i Cadafalch, 1903–1905
Avinguda Diagonal 416–420

El solar donde se construyó la Casa Terrades tiene la forma de un hexágono irregular. Puig i Cadafalch proyectó un complejo cerrado en sí mismo cuyas esquinas se marcan con torres circulares de diferente altura y tejados cónicos, origen de su segundo nombre: «Casa de les Punxes». Torres y fachadas se inspiran en las casas burguesas del gótico centroeuropeo, pero Puig las funde con motivos de tradición catalana. La combinación y reinterpreción de estos elementos permiten incluir el proyecto dentro del Modernismo.

FABRICA CASARAMONA

Josep Puig i Cadafalch, 1909–1911
Carrer de Mèxic 36–44

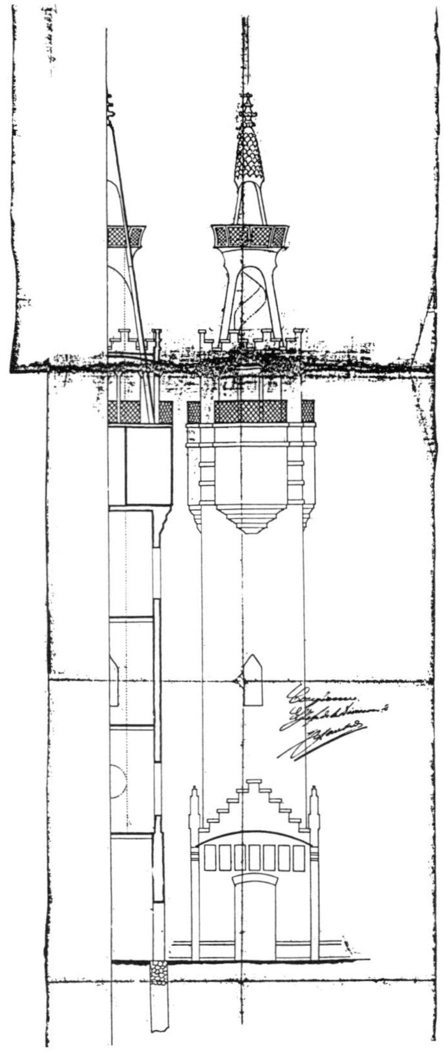

Este proyecto, una obra tardía de Puig i Cadafalch, es un gigantesco complejo industrial con calles y patios interiores. Antiguamente se encontraba en un terreno sin urbanizar que hoy limita directamente con la zona ocupada por la Exposición Universal de 1929. El conjunto abarca practicamente el tamaño de una manzana Cerdà: una serie de naves con grandes bóvedas planas de ladrillo con una trama reticular de tirantes de hierro, forman un cuadrado sesgado en las esquinas. Los «pináculos» que rematan las fachadas y las dos altas torres de agua prestan al conjunto el carácter de una fortaleza medieval. Abandonada como fábrica tras la Guerra Civil, fue convertida en cuartel de la policía hasta que, recientemente, ha pasado a ser propiedad de una entidad bancaria que tiene previsto convertirla en un gran centro cultural.

FABRICA DE GAS

Josep Domènech i Estapà, 1906
Passatge del Gasòmetre

El Passatge del Gasòmetre fue uno de los arrabales de Barcelona a orillas del mar, marcados por los edificios industriales y los almacenes, que en la actualidad están sujetos a las fuertes transformaciones urbanas introducidas en esta zona limítrofe de la Barceloneta y el Poble Nou. La torre de agua de la antigua fábrica de gas y la verja del gasómetro han sobrevivido a estos cambios.

FUNICULAR DE VALLVIDRERA

Bonaventura Conill y Arau Calvet, 1905
Carrer de Queralt 20

El cubo blanco, con una estructura clara y una decoración escasa, se levanta sobre un zócalo de piedra recordando las estaciones en el extrarradio del ferrocarril urbano de Viena, obra de Otto Wagner. La entrada, la ventana y la puerta que dan a la calle, presentan el arco parabólico tan usado en el Jugendstil.

HOSPITAL DE LA SANTA CREU I DE SANT PAU

Lluís Domènech i Montaner, 1902–1911;
Pere Domènech i Roura, 1913–1923
Avinguda de Sant Antoni Maria Claret 167–171

Los barceloneses le deben el Hospital de la Santa Creu i de Sant Pau al banquero Pau Gil i Serra quien en su testamento destinó cuatro millones de pesetas a la construcción de un gran hospital que, originariamente, debía llevar su nombre. El 15 de febrero de 1902 se colocó la primera piedra y durante los primeros años las obras avanzaron con rapidez. Pero en 1911 se agotó la herencia cuando sólo se habían levantado 8 pabellones de los 48 proyectados y ni siquiera éstos se podían utilizar ya que todavía les faltaba el tejado. De este modo comenzaron las negociaciones entre los albaceas y la dirección del hospital, que cedieron todos los derechos del mismo con la condición de que el edificio se concluyera de acuerdo con lo planeado. Se adquirieron nuevos terrenos y las obras se continuaron con mucho empeño. La construcción del pabellón central y la iglesia se pudo financiar gracias a los donativos privados y la venta del antiguo hospital.

Se pueden distinguir dos fases en las obras de este complejo monumental. En la primera (1902–1911), bajo la dirección de Lluís Domènech, todavía dominan las tendencias modernistas en las cúpulas de ladrillo, la ornamentación vegetal y los trabajos de cerámica.

HOSPITAL DE LA SANTA CREU

Bóvedas del edificio de la entrada

A la muerte de Lluís Domènech i Montaner su hijo se hizo cargo del proyecto. Indeciso entre la lealtad a los planes de su padre y las nuevas corrientes que querían superar el Modernismo, eligió finalmente un camino intermedio. Así pues, el convento, la farmacia, las cocinas, pero sobre todo la casa de reposo, muestran su propio gusto eclecticista y su afición por los elementos barrocos.

Entre los numerosos edificios hay que destacar los pabellones, todos ellos distintos entre sí pero con estructuras similares comunicadas por un original sistema de galerías. La situación de los pabellones permitía el acceso directo al jardín y proporcionaba una buena ventilación y la utilización óptima de la luz.

Ya en 1930, pero sobre todo en 1961 – cuando el Modernismo no gozaba de mucho aprecio –, se llevaron a cabo numerosas remodelaciones, por desgracia poco acertadas, que destrozaron muchas zonas especialmente en el interior de los edificios. Hasta las últimas remodelaciones de 1979 y 1980 no se cuidó este extraordinario complejo, intentando armonizar las exigencias de un hospital moderno con la conservación de la obra original.

1910
Ω
Gil

AUDOUARD
CORTINAGES

CASA LLEO MORERA

Lluís Domènech i Montaner, 1902–1906
Passeig de Gràcia 35

La Casa Lleó Morera, en la esquina del Passeig de Gràcia y el Carrer del Consell de Cent, es una remodelación igual que la Casa Amatller o la Casa Batlló – el trío modernista en la «manzana de la discordia». Lluís Domènech proyectó las fachadas y los interiores cuando se encontraba en pleno apogeo de su fase modernista. Su fantasía no parece tener límites en la creación de ornamentos florales siempre nuevos, ya fueran pintados como en el techo del vestíbulo, o en piedra, estuco, madera, vidrio y cerámica.
La arquitectura de Domènech ya contaba por aquel entonces con el reconocimiento oficial, llegando a obtener diversas menciones honoríficas de la ciudad de Barcelona por la Casa Lleó Morera, y más tarde también por el Palau de la Música Catalana y el Hospital de la Santa Creu i de Sant Pau.
Junto a la exuberante y artificiosa decoración, siempre de acuerdo con esquemas perfectamente ordenados, destaca la singular estructura de las fachadas.
Los balcones y las arcadas en forma de segmentos semicirculares de distinto tamaño, alternan con las balaustradas alargadas. Las esculturas de Eusebi Arnau adornan los nichos de las ventanas y los balcones. Una corona de piedra cubierta con azulejos acentúa la esquina del edificio.
La casa perteneció a la familia Lleó Morera hasta 1943 que fue vendida a una compañía de seguros. La planta baja fue completamente destrozada por las reformas emprendidas para convertirla en una tienda. Hasta estos últimos años no se ha intentado restaurar la casa según los planos originales.

CASA LLEO MORERA

Detalles de las salas del piso noble

Toda la decoración interior fue realizada por Gaspar Homar junto con los escultores Eusebi Arnau y Joan Carreras y el pintor Josep Pey. Los mosaicos son obra de Mario Maragliano y Lluís Bru Salelles, las piezas de vidrio de Joan Rigalt y Jeroni Granell y las de cerámica de Antoni Serra Fiter.

CASA LLEO MORERA

Vidriera del patio interior de Josep Pey; alrededor de la mesa aparecen las sillas «Gaulino» diseñadas por Oskar Tusquets en 1987

Hoy reside en el ambiente decorativo de la Casa Lleó Morera la oficina de información y turismo de la ciudad; pero, aunque no se necesite ninguna información, una visita siempre merece la pena por la inagotable variedad de ornamentos modernistas.

NOVEDADES
PANADERIA

CASA QUERALTO (izda.)

Josep Plantada i Artigas, 1906–1907
Rambla de Catalunya 88

CASA FUSTER

Lluís Domènech i Montaner, 1908–1910
Passeig de Gràcia 132

La Casa Fuster es la última obra de Domènech y constituye una síntesis de su obra. Como en las casas precedentes, recurre a los elementos estilísticos regionales e internacionales.

PALAU DE LA MUSICA CATALANA

Lluís Domènech i Montaner, 1905–1908;
Tusquets, Díaz & Associates, 1982–1989
Carrer de Sant Pere més alt 11

PALAU DE LA MUSICA CATALANA

Vistas de la ampliación; mosaico

El «Orfeó Català», conjunto coral fundado por Lluís Millet y Amadeu Vives, debía recibir en 1904 un auditorio propio. El solar elegido era una pequeña superficie irregular, en un rincón escondido entre dos estrechas calles del casco antiguo cerca de la Via Laietana.

Los frentes que forman la esquina del palacio, de aspecto imponente, presentan una decoración exuberante y suntuosa con una alegoría de la canción popular catalana de Miquel Blay, destacado escultor modernista. Los bustos de Bach, Beethoven, Wagner y Palestrina dominan la fachada sobre las columnas que sobresalen de la misma y que están recubiertas de mosaicos en la parte inferior a la altura de la balaustrada del primer piso.

El vestíbulo, el auditorio y el escenario se alinean uno detrás del otro. Una cúpula de cristal de colores cubriendo el centro del auditorio, proporciona una luz rica en matices. En el interior se vuelven a retomar los motivos de la fachada y se intensifican: innumerables variedades de flores y guirnaldas recubren paredes y techos, ventanas y columnas, a las que se suman esculturas simbólicas.

En los años ochenta el Palau de la Música fue restaurado, remodelado y ampliado con gran acierto por Oscar Tusquets y Carlos Díaz. El proyecto se basaba en la reducción de la nave de la iglesia vecina, Sant Francesc de Paula, realizada en 1940 por E. P. Cendoya, que hasta entonces no se había podido concluir por falta de medios. El espacio ganado de esta forma fue convertido en una pequeña plaza con un nuevo acceso al palacio: se colocó una vidriera delante de la fachada posterior del antiguo edificio y se amplió el vestíbulo. Para las salas secundarias y las oficinas, que hasta entonces habían ocupado este espacio, se construyó a continuación una ampliación con su llamativa torre circular.

6
FAÇANA C. ALT DE SANT PERE

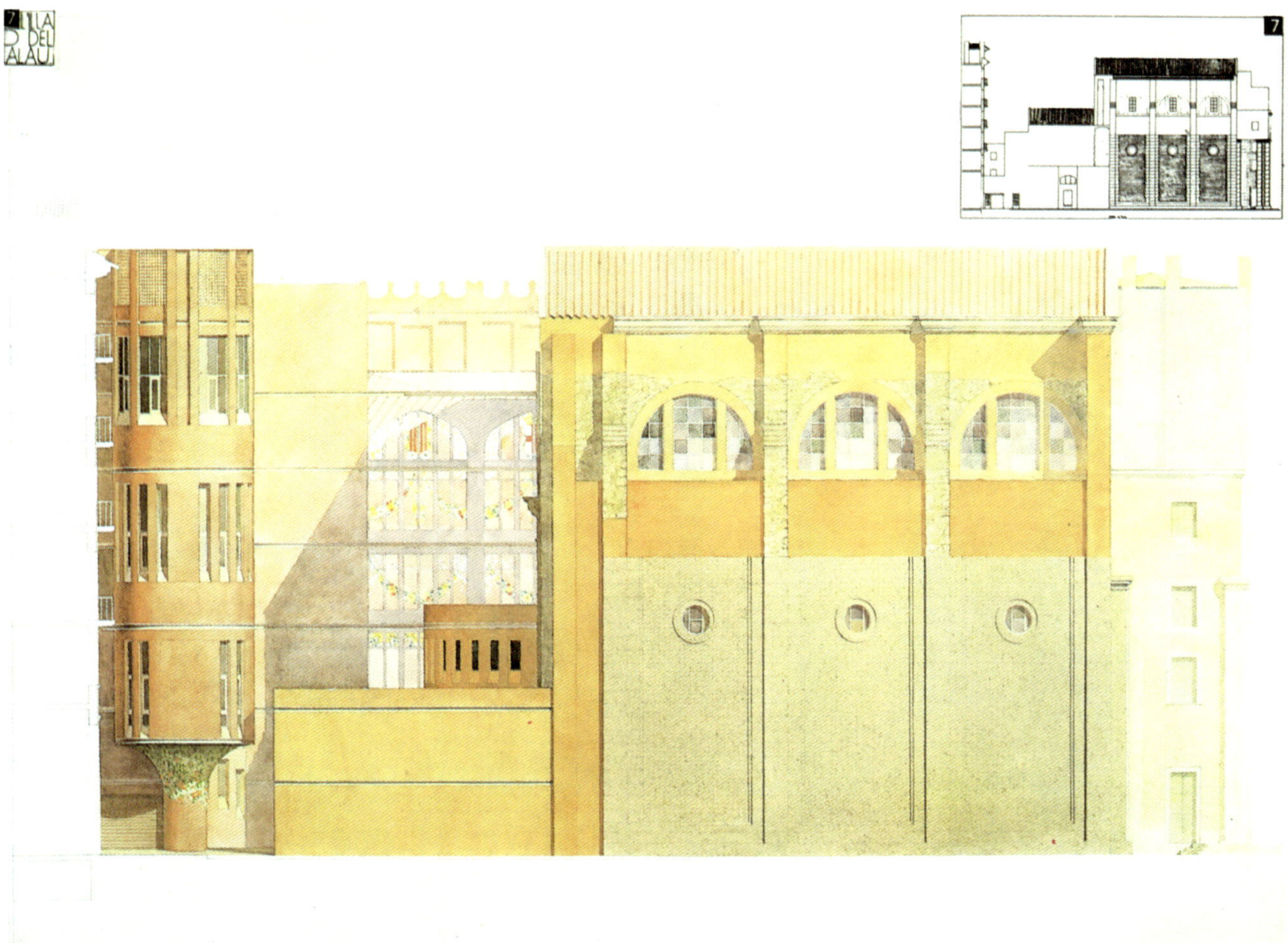
7

PALAU DE LA MUSICA CATALANA

Columnas de la fachada del Carrer de Sant Pere més alt y torre circular de la ampliación en el Carrer Sant Francesc de Paula

En los dos pisos superiores de la torre circular se encuentra la biblioteca del Palau de la Música y por encima se colocó la instalación del aire acondicionado. El remate de cristal y acero armoniza con la ornamentación floral de Lluís Domènech.

PALAU DE LA MUSICA CATALANA

Vestíbulo de Lluís Domènech i Montaner; el nuevo acceso al palacio y la ampliación del vestíbulo de Tusquets, Díaz & Associates

PALAU DE LA MUSICA CATALANA

Cubierta del auditorio y planta

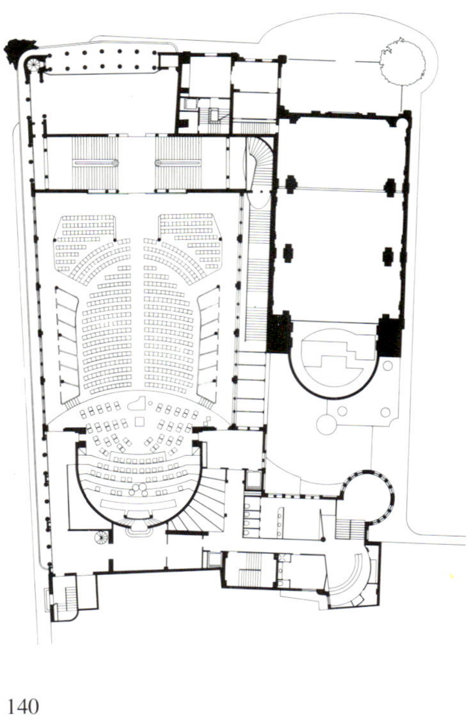

CASA DAMIANS

Eduard Ferrés i Puig, Lluís Homs i Moncusi y Agusti Mas, 1913–1915
Carrer de Pelai 54

CASA TOSQUELLA

Eduard Maria Balcells i Buigas, 1906
Carrer de Vallirana 93

LA ROTONDA

Adolf Ruiz i Casamitjana, 1906
Passeig de Sant Gervasi 51

CASA CABOT

Josep Vilaseca i Casanovas, 1901–1904
Roger de Llúria 8–14

Cuatro ejemplos modernistas de aspecto completamente diferente: empezando por el remate de la fachada de la Casa Cabot, una casa por lo demás bastante discreta, pasando por la decorativa construcción de la Rotonda, un antiguo Gran Hotel, y la Casa Tosquella de inspiración árabe, hoy día una ruina encantada cubierta de maleza, hasta la Casa Damians que recuerda los edificios de la Sezession.

CASA MILA

Antoni Gaudí i Cornet, 1905–1910
Passeig de Gràcia 92

Sin duda alguna la Casa Milà, también llamada «La Pedrera», marca el límite de la máxima exuberancia que la trama homogénea del Eixample es capaz de integrar. Gaudí aprovechó la situación en esquina para crear una fachada única en la historia y sin posible comparación. Vinculados claramente con la composición barroca, los elementos arquitectónicos se confunden unos con otros y forman parte de una singular unidad basada en las formas curvas, amorfas y dinámicas. Ventanas, balcones, antepechos, muros y columnas – en definitiva, todos los elementos arquitectónicos – forman un todo de piedra, contrastados tan solo por las piezas de hierro forjado de Josep Maria Jujol en las barandillas de los balcones.
Los propietarios, la familia Milà, aceptaron al principio la idea de colocar en la esquina una imagen gigante de la Virgen de acuerdo con los gustos y creencias de Antoni Gaudí. Pero al final de la obra, posiblemente por temor a los movimientos anticlericales que se fraguaban en Barcelona desde la segunda mitad del siglo XIX, abandonaron la idea pese al disgusto del maestro.

CASA MILA

Patio y planta

Gaudí no sólo realizó una obra innovadora en la fachada, sino que también propuso una planta singular agrupando los típicos patios cuadrados en dos patios gigantes de forma irregular. En el interior de cada vivienda se crea un espacio orgánico y continuo cuya estructura descansa sobre columnas. El edificio remata en una azotea hecha de suelos inclinados y torres de ventilación que evocan diversas figuras orgánicas y antropomórficas.

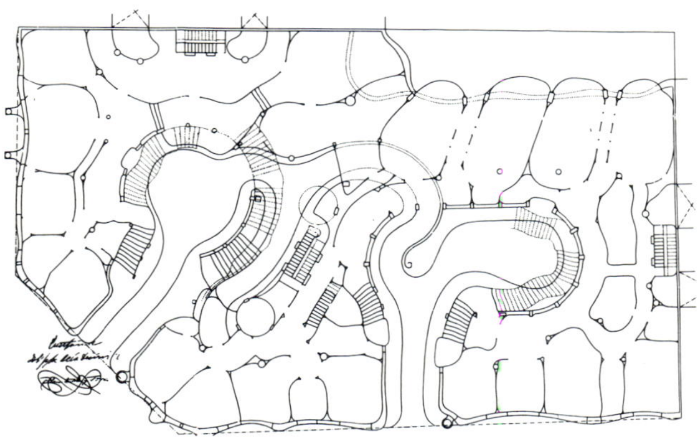

CASA MILA

Salón de la familia Milà hacia 1917 y un apartamento actual de la Casa Milà

Con evidente indiferencia ante el carácter futurista de la arquitectura, la familia Milà decoró su vivienda de acuerdo a las líneas del confort burgués de fines del siglo XIX: pesados tapices, un mobiliario artificioso, la obligada palmera, piezas decorativas sobre mesitas, columnas y consolas, y un poco de solemnidad clásica con una copia de la Victoria de Samotracia.
La decoración actual de un apartamento de la Casa Milà parece, por el contrario, completamente liberada del horror vacui: un ambiente reducido a unos pocos muebles y obras de arte con una mesa tipo «Pedrera», sillas diseñadas por Carlos Riart bautizadas con el nombre del propietario, «Fernando», y una delicada mesita de Lluís Clotet. La lámpara de Philippe Starck hace los honores a su nombre, «Y de repente la tierra se puso a temblar», cayéndose con las vibraciones.

CASA MILA

Remodelación del desván de Francesc Joan Barba i Corsini, 1955

A mediados de los años cincuenta los desvanes de la Casa Milà se remodelaron y fueron convertidos en 14 apartamentos. Su originalidad reside sobre todo en las altas bóvedas. Gaudí concibió el entramado del techo con arcos ordenados rítmicamente en forma de abanico; Corsini acentuó la estructura enluciendo los arcos de blanco. Los áticos son diferentes entre sí y algunos de ellos se han ampliado a dos pisos. Casi ninguna habitación cuenta con ángulos rectos. Los muros exteriores se han dejado en parte sin enlucir y en el interior predominan los muros de ladrillo visto.

PARC GÜELL

Antoni Gaudí i Cornet, 1900–1914
Carrer d'Olot

En el lugar que ocupa hoy el Parc Güell, con toda seguridad la obra más innovadora de Gaudí, se había planeado en principio una gran urbanización. Se proyectaron sesenta parcelas asentadas en la ladera del monte que ofrecían una vista magnífica de la ciudad. Pero el proyecto iniciado por Eusebi Güell i Bacigalupi fracasó y así surgió en un terreno yermo y accidentado el parque del que la ciudad se hizo cargo en 1922.

Los caminos siguen el contorno del monte o están excavados en la ladera a modo de cuevas. Los terraplenes se apoyan en muros y columnas inclinadas de aspecto tosco, cuya caída sigue – como en otras obras de Gaudí – el mismo sentido de los empujes.

El punto central de la urbanización sería la gran plataforma, plaza o teatro, delimitada por un largo y sinuoso banco curvilíneo. Josep Maria Jujol participó decisivamente en la realización de los mosaicos de fragmentos de azulejos y vidrios, que decoran el banco y a la vez lo protegen de las inclemencias del tiempo. La plataforma se apoya en columnas dóricas que definen una telúrica sala hipóstila. Un dragón de cerámica en las escalinatas de la parte inferior domina la entrada principal. Todo el conjunto respira una desbordante e ingotable fuerza formal, plástica y simbólica. Una irrepetible síntesis de arquitectura y naturaleza. El Parc Güell – junto a la Casa Milà y el Palau Güell – fue declarado por la UNESCO en 1984 patrimonio cultural de la humanidad.

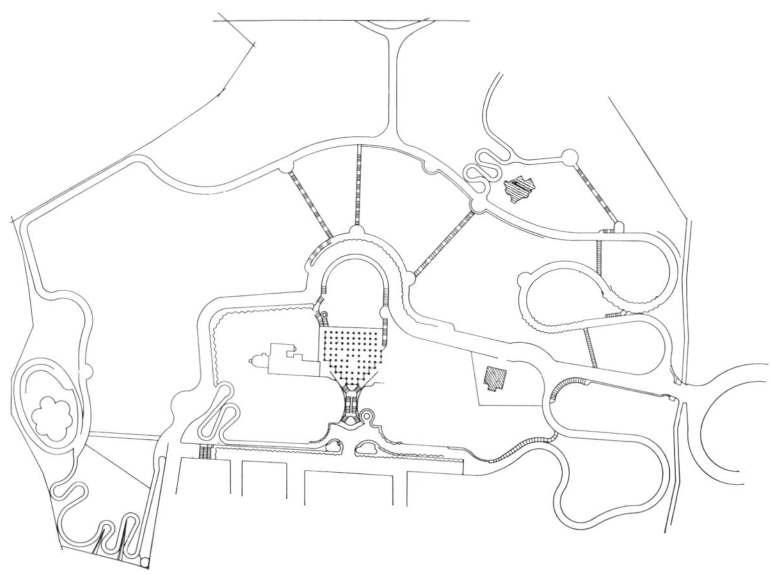

PARC GÜELL

Detalles del banco y de la sala hipóstila

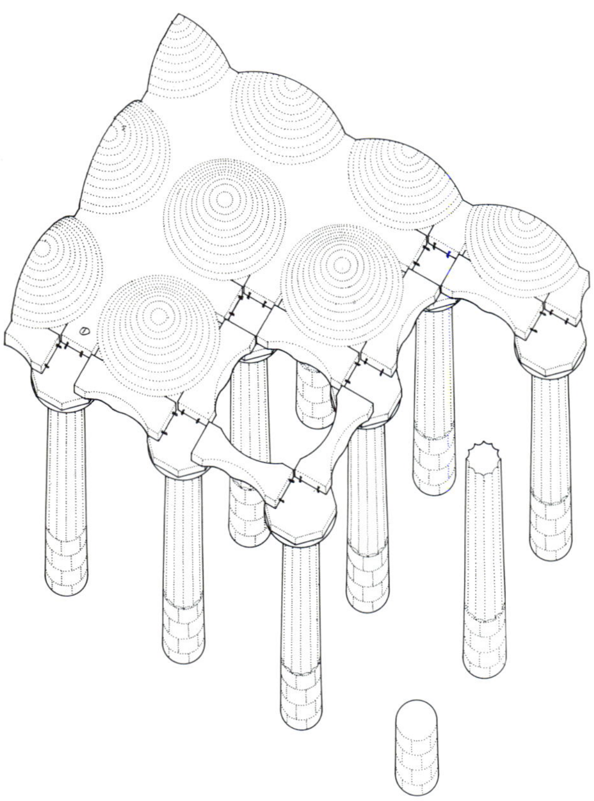

CASA COMALAT

Salvador Valeri i Pupurull, 1906–1911
Avinguda Diagonal 442

Una casa con dos caras completamente diferentes: en la fachada principal predominan los motivos rococó, mientras que la fachada posterior del Carrer de Còrsega está cubierta de saledizos abombados y una ornamentación cerámica.

En 1889 el ayuntamiento de Barcelona decidió llevar a cabo un proyecto urbano concebido diez años antes por Angel Josep Baixeras, que entre otras cosas preveía la construcción de una vía de comunicación rápida entre el Eixample y el puerto. Calificada de Grand Via A en el Pla Baixeras, se abrió al tráfico en 1907 como Via Laietana. Pero el precio de este proyecto sería muy alto: se destruyeron algunas partes del casco viejo para hacer sitio a representativos edificios de oficinas.

CAIXA DE PENSIONS

Enric Sagnier i Villavecchia, 1917–1918
Via Laietana 56–58, Carrer de les Jonqueres 2

Enric Sagnier, arquitecto de La Duana Nova – la aduana del Passeig de Colom terminada en 1895 – y del Palau de Justícia – un imponente complejo construido entre 1887 y 1908 en el Passeig de Lluís Companys –, concibió dos edificios de oficinas para la Caixa de Pensions en la esquina de la Via Laietana y el Carrer de les Jonqueres. Se trata de obras tardías del estilo modernista que por aquella época ya había sobrepasado su momento de apogeo.

TAQUILLAS
SOL
608

PLAÇA DE TOROS MONUMENTAL

Ignasi Mas i Morell, 1913–1915
Gran Via de les Corts Catalanes 749

PLAÇA DE TOROS DE LES ARENES

August Font i Carreras, 1899–1900
Gran Via de les Corts Catalanes 387

Los proyectos para ambas plazas recurren a elementos de la arquitectura islámica muy popular en la Barcelona de fines del XIX. La Monumental acoge en la actualidad el Museu Taurí.

FARMACIA PALOMAS

Fèlix Cardellach, 1907
Ronda de Sant Pere 40

PLA DE LA BOQUERIA

La Rambla

FARMACIA PADRELL (izda.)

Carrer de Sant Pere més baix 52

BAR MUY BUENAS (dcha.)

Carrer del Carme 63

La popularidad que el Modernismo había alcanzado en la Barcelona de principios de siglo se puede comprobar en los numerosos comercios abiertos a lo largo de las Ramblas, en las callejuelas del casco antiguo o en el corazón del Eixample. Entre los edificios mejor conservados se encuentran las farmacias con lujosas vidrieras y mosaicos, ricas tallas de madera con motivos florales e imaginativos trabajos de forja. Aunque las tiendas de uso corriente también trataban de hacerse con una clientela acomodada con azulejos multicolores de cerámica fina, mostradores de mármol y espejos grabados.

CASA FIGUERAS (dcha.)

Antoní Ros i Güell, 1902
La Rambla 83

KIOSCO

Rambla de Canaletes

istian Escribà Pastisseri
CASA FIGUERAS
PERLAS
FUNDADA EN 1820
TAPIOCAS
PASTAS ALIMENTICIAS

FARMACIA PALOMAS

Fèlix Cardellach, 1907
Ronda de Sant Pere 40

FARMACIA PUIGORIOL

Marià Pau y Francesc Torres, 1914
Carrer de Mallorca 312

FARMACIA ARUMI

La Rambla 121

FARMACIA DEL CARMEN

Riera Alta, Carrer del Carme

FARMACIA VILARDELL

Gran Via de les Corts Catalanes 650

CASA TEIXIDOR

M.J. Raspall, 1909
Ronda de Sant Pere 16

FORN SARRET

Carrer de Girona 73

WOLF'S (dcha.)

Carrer de Ferran 7

WOLF'S
TEELAK
Vitaliza la epidermis.
Núm. 33.617
negroni de ginebra
CARLES SANTOS
10 ANYS DE PIANO
de tot.

IV

NOUCENTISME Y RACIONALISMO

CLAUSTRO BENEDICTINO

Nicolau Maria Rubió i Tudurí, 1922–1936;
Raimon Duran i Reynals, en torno a 1940
Carretera d'Esplugues 101

Este edificio, similar a los de Toscana, está inspirado claramente en el genial arquitecto florentino Filippo Brunelleschi, maestro del Quattrocento. Nicolau Maria Rubió cumplió en esta obra los deseos de sus clientes, cosa nada fácil ya que se trataba de dos partes: debía complacer a los monjes benedictinos de Montserrat que querían recordar los orígenes de la orden en el siglo VI, pero también tenía que cumplir el encargo del promotor, Nicolau d'Olzina, que deseaba una obra al estilo del Renacimiento como la mayoría de la burguesía catalana de entonces – según declara Rubió. «Para complacer a ambas partes comencé con un orden grecorromano para llegar después a Brunelleschi pasando por... Al marcar claramente en la fachada la estructura abovedada de la nave de la iglesia, estaba siguiendo los ideales arquitectónicos de la época de Bramante.» Rubió introdujo por último citas indirectas del lenguaje formal de Miguel Angel – que suponían la superación del Renacimiento – en los claustros que flanquean la iglesia.

MONTIS SERRATI DEIPARÆ SACRVM

CENTRO ESCOLAR RAMON LLULL

Josep Goday i Casals, 1918–1923
Avinguda Diagonal 269–275

El Modernismo evoluciona sin solución de continuidad, a lo largo de los primeros años del presente siglo hacia el denominado «Noucentisme». Algunas figuras como Josep Puig i Cadafalch muestran en su obra esta evolución paulatina que atempera las influencias medievalistas y vuelve a dar actualidad a los métodos y elementos clasicistas. Si en el Modernismo predomina la voluntad de adscribirse a una identidad originaria medieval, el «Noucentisme» considera que la esencia de la identidad catalana radica en la serenidad y el equilibrio del clasicismo y la mediterraneidad. Si para Gaudí la mediterraneidad era símbolo de formas orgánicas y telúricas, para los «noucentistes» lo era de mesura, volumetrías puras y clasicismo. Si el Modernismo defendía la idea de un artista rebelde e indiviualista, el «Noucentisme» intenta potenciar la imagen de un artista integrado dentro de una estructura social que debe ser mejorada a través del arte, la cultura y la enseñanza. De los palacios privados y proyectos públicos más espectaculares se pasa paulatinamente al diseño de parques, jardines, bibliotecas y escuelas. La Mancomunidat de Catalunya, una asociación de la administración provincial catalana relativamente independiente que actuó entre 1913 y 1925, promovió estas obras dentro de una concepción más urbana, didáctica y cívica.[25]

Esta arquitectura que en Cataluña tiende al protorracionalismo, mediterranismo y neobrunelleschianismo, sintoniza con lo que sucede también en diversos países europeos. Recordemos la obra de Tony Garnier y Leon Jaussely en Francia, Heinrich Tessenow en Alemania y todo el «novecento» milanés.

Uno de los arquitectos barceloneses más representativos del Noucentisme es Josep Goday que construye los grupos escolares Ramon Llull (1918–1923) y Collasso i Gil (1932). También lo es Adolf Florensa con sus edificios representativos en la Via Laietana.[26]

En estos años Puig i Cadafalch proyecta los palacios de exposiciones de Alfonso XIII y de Victoria Eugenia para la Exposición Internacional de 1929. Dicha exposición, que ya había empezado a ser planificada en 1913 como exposición de industrias eléctricas, es en gran medida una muestra de los diversos caminos de esta arquitectura «noucentista» que convivía con obras monumentales basadas en la pervivencia de un lastre academicista tardío.

En esta exposición destaca como excepción la obra-manifiesto de Ludwig Mies van der Rohe, el pabellón de Alemania, que será tanto símbolo de la vanguardia internacional, como del inicio de la arquitectura moderna en Cataluña. Proyectado como un edificio temporal, el pabellón fue desmontado a los pocos meses. En 1985 se realizó una réplica de dicho pabellón en el mismo lugar donde estuvo ubicado.

POBLE ESPANYOL

Francesc Folguera, Ramon Reventós, Xavier Nogués y Miquel Utrillo, 1926–1929
Parc de Montjuïc, Avinguda del Marquès de Comillas

La idea era sencilla y seductora. Con motivo de la Exposición Universal de 1929 se debían reproducir en Montjuïc diversos ejemplos representativos de la arquitectura española en las distintas regiones y siglos. Los arquitectos Folguera y Reventós, junto con el pintor Nogués y el crítico Utrillo, emprendieron con este fin un viaje por todo el país para escoger los modelos apropiados.

De esta manera aparecen en el «Poble Espanyol» edificios medievales asturianos al lado de los típicos patios andaluces, edificios sagrados mudéjares junto a palacios nobles castellanos – sin que tampoco faltara el centro social por excelencia, la Plaza Mayor. El rigor de los autores evitó que el proyecto derivase en un montaje folklorista. El pueblo se mantuvo después de la exposición, convirtiéndose en una popular atracción turística. Hoy en día el público nocturno se siente atraído por las torres que flanquean la entrada del Poble Espanyol, una copia de las Torres de Avila, remodeladas en un fantástico bar por Alfredo Arribas, Miguel Morte y Javier Mariscal.

PLANO DE ENLACES

Leon Jaussely, 1917

El proyecto «Romulus» de Jaussely fue el ganador del concurso para el Plan de Enlaces de Barcelona con los pueblos limítrofes, convocado entre 1903 y 1904. El proyecto nunca se llevó a cabo, pero fue determinante para el aspecto posterior de la ciudad. Se basaba en una concepción completamente opuesta a la de Cerdà, pero en perfecta armonía con la voluntad de singularidad de los modernistas y el ansia de monumentalidad de los noucentistas. Frente a la idea utópica y abastracta de Cerdà de una trama homogénea y unitaria, Jaussely proponía una ciudad que reflejase la jerarquía, segregación y variedad real de la sociedad capitalista de principios del siglo XX. El plan Cerdà quedaba absorbido dentro de una nueva trama de plazas radiales, avenidas en diagonal, bulevares, manzanas singulares y un complejo anillo perimetral de paseos de ronda con ciudades-jardín.

NOTICIA EXPLICATIVA
BARRIOS INDUSTRIALES
PARTES YA AFECTADOS A LA INDUSTRIA
PARTES AFECTADOS MAS ESPECIALMENTE AL COMERCIO
HABITACIONES CON JARDINES
PARQUES-BOSQUES-SQUARES-JARDINES-JARDINCILLOS.
CEMENTERIOS.
EDIFICIOS PUBLICOS.
MERCADOS.
ROMULUS
ESCALA DE

CASAL SANT JORDI

Francesc Folguera i Grassi, 1929–1931
Carrer de Casp 24–26

Se trata de una de las intervenciones urbanas más ejemplares que documenta en Barcelona el paso de los estilos históricos de principios de siglo hacia los ideales racionalistas y vanguardistas. Folguera había ensayado diversas propuestas para la fachada, pero al final optó por una solución protorracionalista. Además se trata de uno de los primeros intentos de construir un rascacielos en Barcelona. El edificio no sólo supera la altura de las casas colindantes, sino que en la parte superior presenta una serie de terrazas, pórticos, estanques y miradores que no se aprecian desde la calle. Los tres primeros pisos estaban dedicados a oficinas y los cuatro superiores a viviendas. La residencia de los promotores, la familia Espona, se hallaba en el ático. La renovación realizada en 1988 ha permitido revalorizar uno de sus espacios más atractivos: el gran patio de planta triangular con ladrillos de vidrio que da vida al interior del edificio.

Por otra parte, el recinto de la exposición generará un ejemplo emblemático de las corrientes regionalistas que se extienden por toda España en los años diez y veinte. Nos referimos al Poble Espanyol diseñado por Miquel Utrillo, Francesc Folguera, Ramon Reventós y Xavier Nogués, recreación fidedigna y culta de los estilos arquitectónicos más representativos de Andalucía, el País Vasco y Galicia. Los autores consiguieron crear un ambiente urbano de calles y plazas fluido y auténtico.[27]

Son estos unos años de confusión estilística en la que incluso los propios arquitectos estaban dispuestos a recurrir, según el caso, al lenguaje modernista tardío, regionalista, noucentista, «Art déco» o protorracionalista. Rubió i Bellvé, antiguo discípulo de Gaudí, realizó en la Universidad Industrial una intervención de carácter «noucentista». Antoni Puig i Gairalt creó con la fábrica Myrurgia (1928–1930) una obra entre «noucentista», «Art déco» y racionalista. Es en estos años cuando Francesc Folguera realizó el Casal Sant Jordi (1929–1931) en una de las más importantes esquinas del Eixample de Barcelona. Por su altura y singularidad constituye el primer ejemplo barcelonés con ciertas características de rascacielos.

Posiblemente el más puro ejemplo de neobrunelleschianismo sea el monasterio benedicitino de Nuestra Señora de Montserrat en el barrio de Pedralbes proyectado por Raimon Duran i Reynals y Nicolau Maria Rubió i Tudurí. Este último constituye una de las figuras más singulares del panorama arquitectónico catalán y que desarrolló una actividad más polifacética. Discípulo de Jean C.N. Forestier, realizó con él una serie de parques y más tarde promovió sus propios proyectos formulando su propia teoría sobre el trazado de los jardines mediterráneos recogida en el libro «El jardín meridional. Estudio de su trazado y plantación» (1934). Con sus jardines Rubió i Tudurí otorgó al paisaje urbano de Barcelona y a ciertos entornos mediterráneos de Cataluña un carácter singular, hasta entonces sin precedentes y que no sería continuado hasta el nuevo urbanismo democrático de los años ochenta. Su figura, sin embargo, ha sido injustamente olvidada.[28]

Desde luego, la impronta «noucentista» que queda en la Barcelona de principios de siglo se mantiene en la actualidad de manera manifiesta. Este legado hace que Barcelona se asemeje a ciudades como Milán con su arquitectura «novecentista».

Al mismo tiempo, no solamente creció Barcelona sino todos los antiguos núcleos rurales más próximos, como Gràcia, Sarrià, Les Corts, Sant Andreu, Sant Gervasi, etc. Con objetivo de enlazar la ciudad con estos pueblos agregados, el ayuntamiento convocó un concurso en 1903 que fue ganado por el arquitecto

francés Leon Jaussely. Su proyecto, aunque no se aplicó, tuvo gran influencia, como los actuales cinturones de Ronda cuyo trazado perimetral se asemeja a las directrices de Jaussely.

Paralelamente, a partir del Plan de Reforma de Barcelona proyectado por Angel Baixeras, se inicia en 1907 la apertura de la Via Laietana, única vía que une el Eixample con el puerto. En ella se levantarán edificios altos de expresión «noucentista» e influencia, a pequeña escala, de la Escuela de Chicago. De todas formas, la construcción de este eje caracterizado por la gran pantalla de edificios, se realizó a costa de destruir una parte de la ciudad antigua y crear una barrera de división que traerá la degradación a sus espaldas.

A partir de finales de los años veinte la arquitectura catalana se acerca a las vanguardias europeas más radicales, intentando acortar el abismo que separa Barcelona de lo que está sucediendo en las grandes capitales como París, Frankfurt o Viena. Cada vez se es más consciente de que es necesario introducir una gran dosis de modernidad en la tradición de la arquitectura catalana, con el objetivo de superar el agotado lenguaje académico y el urbanismo escenográfico de principios de siglo.

De todos los maestros el más admirado es Le Corbusier. Éste llega, incluso, a visitar la ciudad y a colaborar en la proyección de un plan urbanístico de modernización de Barcelona: el Pla Macià (1933) dedicado al Presidente de la Generalitat de Catalunya durante la Segunda República. Se trataba de una propuesta que, a partir de la nueva teoría del «zoning», proponía un nuevo orden geométrico para la ciudad, basándose en la trama Cerdà y en unas nuevas manzanas gigantes.[29]

Jóvenes arquitectos como Josep Lluís Sert, Josep Torres i Clavé, Sixt Illescas, Germàn Rodríguez Arias y otros, se agruparon en el GATCPAC (Grupo de Artistas y Técnicos Catalanes para el Progreso de la Arquitectura Contemporánea), grupo de vanguardia que también impulsará la asociación de ámbito estatal denominada GATEPAC[30] que estará asociada a los CIAM.

Este período será breve. Queda detenido con la Guerra Civil de 1936–1939. Los pocos años permitieron realizar algunas obras, también de pequeño tamaño, fragmentos de ciudad que hubieran podido actuar como modelos generalizables. La Casa Bloc en Sant Andreu (1932–1936) – un complejo de bloques de viviendas de una sobriedad espartana que recuerda a las obras de Le Corbusier –, el Dispensario Central Antituberculoso (1934–1938) en el casco antiguo, y la casa haciendo esquina en la calle Muntaner (1930–1931). Rodríguez Arias realizará dos obras dentro del tejido de la ciudad: el edificio Astoria (1933–1934) y el edificio de la Plaça Gala Placídia (1931).[31]

Los cabarets estaban muy de moda en los años treinta. Entre los más populares se encontraba «La Casita Blanca» en la Avinguda del Parallel.
El «Bar Automatic Continental» ofrecía un ambiente fresco en las noches calientes, un trabajo del arquitecto Manuel Casas Lamolla del año 1932.

VOTEU
L'ESTATUT
VOTEU
L'ESTATUT
VOTEU
L'ESTATUT

La Barcelona modernista es aún la de la gran burguesía. La ciudad «noucentista», sobre la que escribe Eugeni d'Ors desde la columna de su «glossari», es una ciudad que crece desorbitadamente con una inmigración desordenada. He aquí la razón de los alegatos de Eugeni d'Ors por una socieda cívica y educada, por la selección de los inmigrantes, intentando defender una cultura descaradamente elitista que evoca la nostalgia de una mediterraneidad y una pureza perdidas desde hacía tiempo.

Durante unos pocos años, de 1930 a 1936, Barcelona asume a fondo las características y contradicciones de la gran ciudad del siglo XX, tal como la desarrollaron los arquitectos de las vanguardias europeas – Le Corbusier, Ludwig Hilberseimer, Ernst May, etc. – en las principales capitales europeas. El GATCPAC piensa en una ciudad para las masas metropolitanas, una ciudad en la que el proletariado tiene un papel activo, se preveen entornos cerca de Barcelona como la «Ciudad de reposo y vacaciones», pensada para el ocio de las masas populares.

La propuesta social, económica y urbana de los años de la República entronca con las propuestas más avanzadas de la Europa de entreguerras. Si en Europa estos planteamientos lucharán duramente contra las reacciones autoritarias y anti-sociales, venciéndolas en 1945; en la península, una España en la que aún pervive un sentido atávico, agrario y retrógado que siente nostalgia de un pasado imperial y glorioso, acabará triunfando en 1939 sobre una incipiente cultura más metropolitana, progresista y cosmopolita. El salto que preveían los sectores más dinámicos no podía ser seguido por toda la sociedad y, tras la Guerra Civil, la España franquista cae en el peor de los retrocesos. Mientras el resto de Europa se dispone a volver a avanzar, España se detiene.

Manifestación delante del Palau de la Generalitat: los catalanes se manifestaron el 2 de agosto de 1931 a favor de la autodeterminación. La mayoría se decidió por la autonomía en un plebiscito.
En 1934 la Generalitat proclamó en Barcelona la independencia de Cataluña. El poder central de Madrid tomó represalias y numerosos defensores de la autonomía fueron detenidos. La Guardia Civil presenta orgullosa las armas confiscadas tras la sublevación de la noche del 6 al 7 de octubre de 1934.

TORRE DE SANT SEBASTIA (izda.)

Carles Buïgas, Ramón Calzada y Josep R. Roda, 1926–1931
Moll Nou

FERROCARRIL METROPOLITANO

Página siguiente:
Entradas y taquillas de la línea «Gran Metro», 1924 (láms. sup. izda. e inf. dcha.); estación del Arc del Triomf de la línea «Metro Transversal» (lám. inf. izda.) y estación en la Plaça de Catalunya (lám. sup. dcha.).

En 1926 Buïgas proyectó con sus compañeros las torres Jaume I y Sant Sebastià para un funicular que debía llevar a los visitantes de la Exposición Universal de 1929 desde el puerto hasta Montjuïc y viceversa. Los medios privados eran escasos y el proyecto no llegó a realizarse hasta 1931 – demasiado tarde para la Exposició Universal – bajo la dirección de Roda.
En estrecha relación con la celebración de la Exposición Universal, se inició la construcción del ferrocarril subterráneo de Barcelona. Empezando por el «Metro Transversal», una línea paralela al mar, y continuando con la línea «Gran Metro» que seguía el eje del Passeig de Gràcia. La toma de 1925 muestra a los representantes de la ciudad informándose del estado de las obras en la Plaça de Catalunya

ENTRADA
CODOR

barcelona
Arco Triunfo

FABRICA DE IMPERMEABLES
BALMES-50
barcelona
plaza de cataluña
CATALUNYA

DIRECCION
LESSEPS
DIRECCION
RAMBLAS-PUERTO

Ya en 1907 comenzaron a surgir iniciativas por parte de los empresarios más importantes para volver a celebrar una exposición internacional en Barcelona. Planeada para 1914 debía levantarse en una zona de Montjuïc. Durante el curso de los preparativos pasaron a primer plano otras consideraciones: se empezó a proyectar para 1916 una feria internacional de la industria eléctrica combinada con una exposición del arte y la artesanía expañola. Pero el proyecto se fue retrasando cada vez más.

En 1921, cuando Primo de Rivera proclamó la dictadura militar en Madrid, se produjeron cambios decisivos. Josep Puig i Cadafalch, autor del plan general para la Exposició d'Indústries Elèctriques, fue declarado persona non grata de la noche a la mañana. Primo de Rivera ordenó además una ampliación de los temas: la exposición debía representar los campos de la industria, el deporte y el arte español. La fecha definitiva se fijó para el 19 de mayo de 1929.

Dos torres en la Plaça de Espanya, que recuerdan a los campaniles italianos, flanquean el camino que conduce al Palau Nacional, el suntuoso edificio de la Exposición Universal de 1929. La atracción de la Avinguda Reina Maria Cristina es la «Fuente Mágica» de Carles Buïgas, una síntesis de música, luz, color y agua al estilo del «Art déco».

PALAU NACIONAL

Enric Catà i Català, Pedro Cendoya Oscoz y Pere Domènech Roura, 1925–1929; Gae Aulenti y Enric Steegmann, 1985–1992
Plaça del Mirador

El Palau Nacional se convirtió en 1934 en el Museu d'Art de Catalunya y a mediados de los años ochenta fue remodelado radicalmente bajo la dirección de la famosa arquitecta italiana Gae Aulenti. Las instalaciones claramente estructuradas dominan el espacio y determinan – al igual que en la Gare d'Orsay en París – la nueva concepción general del museo.

PLAÇA DE L'UNIVERS

Jean Claude Nicolas Forestier, 1914–1922;
Pep Bonet, 1983–1985
Recinto ferial de Montjuïc

La Plaça de l'Univers, basada en los planos de Forestier para la Exposición Universal de 1929, no mantuvo por mucho tiempo el encanto del estilo «Art déco». El conjunto se echó a perder sobre todo durante la década de los sesenta; en esos años se derrumbaron algunos edificios esenciales para la concepción espacial de la plaza y fueron sustituidos por nuevas construcciones que seguían otros criterios.
La remodelación de Bonet se basa en dos elementos fundamentales: la construcción de nuevos pabellones alineados en serie y la configuración de fachadas que acabasen de completar la plaza. Las cúpulas luminosas sobre las entradas recuerdan la concepción original «Art déco». En el centro de la plaza se eleva la escultura «El Forjador», obra de Josep Llimona realizada en 1914, colocada delante de la entrada del pabellón de la ciudad durante la Exposición Universal.

PALAU DE LES ARTS GRAFIQUES

Pelagi Martínez i Paricio, 1927–1929;
José Llinàs 1984–1989
Carrer de Lleida

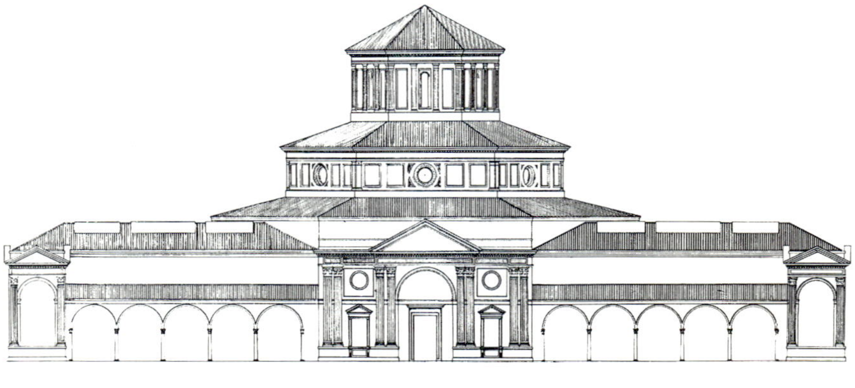

Muchos pabellones de la exposición de 1929, aunque originalmente fueron construcciones temporales, se han mantenido hasta nuestros días. Algunos de ellos, tal como ya sucedió con los palacios de la exposición de 1888, se transformaron en museos.
Este es el caso del Museo de las Artes Gráficas – un genuino ejercicio «noucentista» de reinterpretación del Renacimiento italiano – que en 1932 se convirtió en Museo Arqueológico. La modernización de José Llinàs con sus espectaculares soluciones, recupera la concepción espacial primitiva.

PABELLON DE ALEMANIA

Ludwig Mies van der Rohe, 1929
Avinguda del Marquès de Comillas

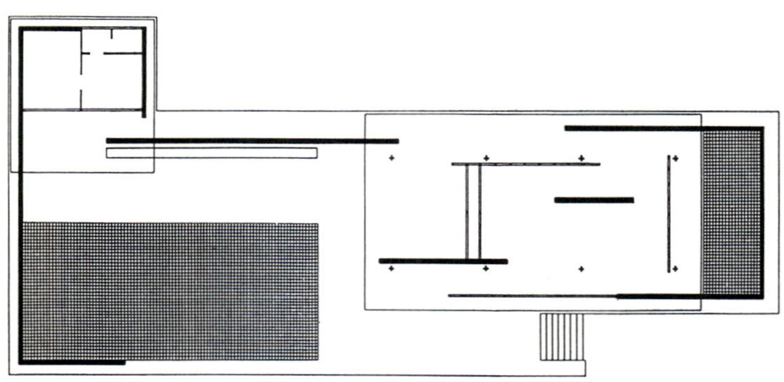

El pabellón de Ludwig Mies van der Rohe, escenario de la inauguración oficial de la Exposición Universal de 1929 por la pareja real, Alfonso XIII – en primer plano a la izquierda – y la reina Victoria Eugenia – al fondo con Mies van der Rohe –, fue mucho más que un simple edificio representativo por su elegancia y luminosidad. El edificio alargado de cubierta plana contaba con una amplia terraza de travertino y un estanque bajo que le sepraba con acierto de la calle. Un espacio continuo y fluido estructurado por lujosas paredes de mármol y cristaleras en tonos blanco, verde y gris con engarces metálicos. Las acertadas aberturas hacia el exterior aumentan la amplitud visual. La crítica americana Helen Appleton Read resumió así su reportaje sobre la exposición: «Entre las naciones representadas sólo Alemania ha presentado una obra emblemática de su moderno estatus industrial y cultural. El elegante y sobrio pabellón de Mies van der Rohe, un pionero de la arquitectura moderna, es un símbolo de la cultura de posguerra en este país, un símbolo convincente de la estética arquitectónica moderna... Es un racionalista radical y la pasión por la belleza determina sus proyectos. Mies es uno de los pocos arquitectos modernos que traducen en la creación artística su teoría sobre estériles fórmulas funcionales. Los medios empleados para conseguir un aspecto elegante y sereno son los materiales y la concepción espacial.»
El pabellón fue desmontado a los pocos meses, pero en 1985 se levantó en el mismo lugar una réplica exacta de Cristià Cirici, Ferran Ramos e Ignasi de Solà-Morales.

FABRICA MYRURGIA

Antoni Puig i Gairalt, 1928–1930
Carrer de Mallorca 351

La fábrica de dos pisos de Antoni Puig obtuvo nada más concluir las obras el premio de la ciudad de Barcelona al mejor edificio del año. Las ventanas corridas de las naves recorren horizontalmente el edificio hexagonal, dominando así la fachada del mismo. El portal de entrada constituye en cierta medida la frente de este complejo horizontal. El vestíbulo se encuentra tras las tres grandes puertas de cristal artísticamente decoradas. Ante el visitante se abre una entrada elegante con ciertas reminiscencias del «Art déco», moderada y lujosa a un tiempo. Esta fábrica de perfumería es uno de los mejores ejemplos de la arquitectura racionalista en Cataluña, superando definitivamente el Modernisme, el Noucentisme y todo el historicismo, hacia una arquitectura de líneas rectas y volúmenes puros.

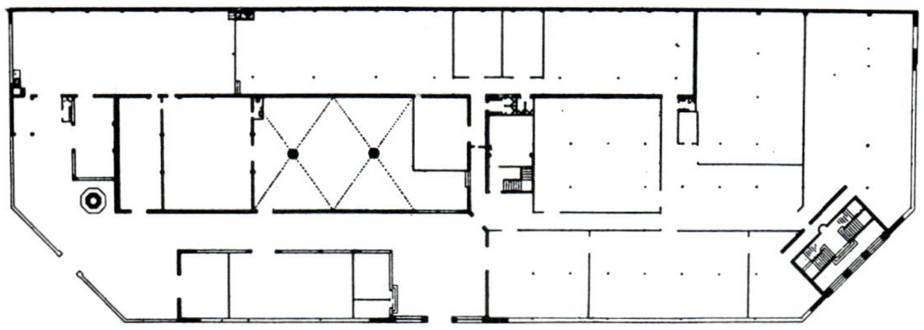

CLINICA BARRAQUER

Joaquim Lloret i Homs, 1934–1940
Carrer de Muntaner 314

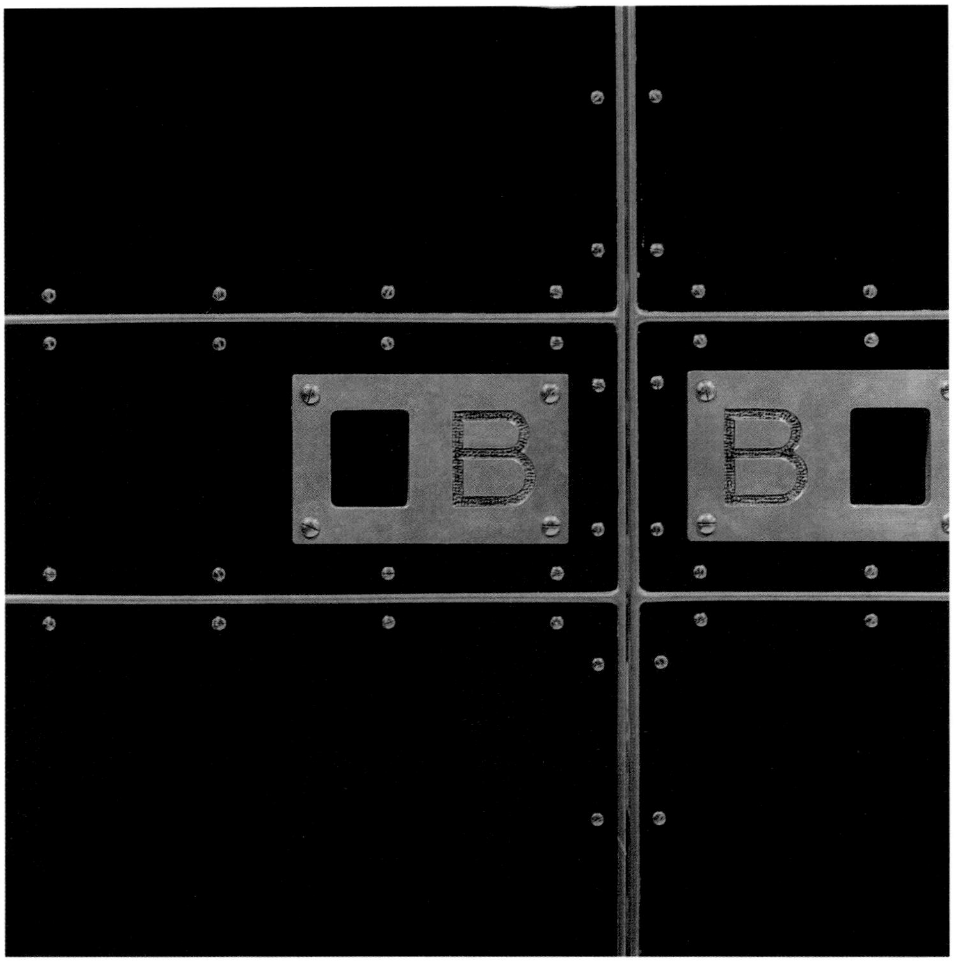

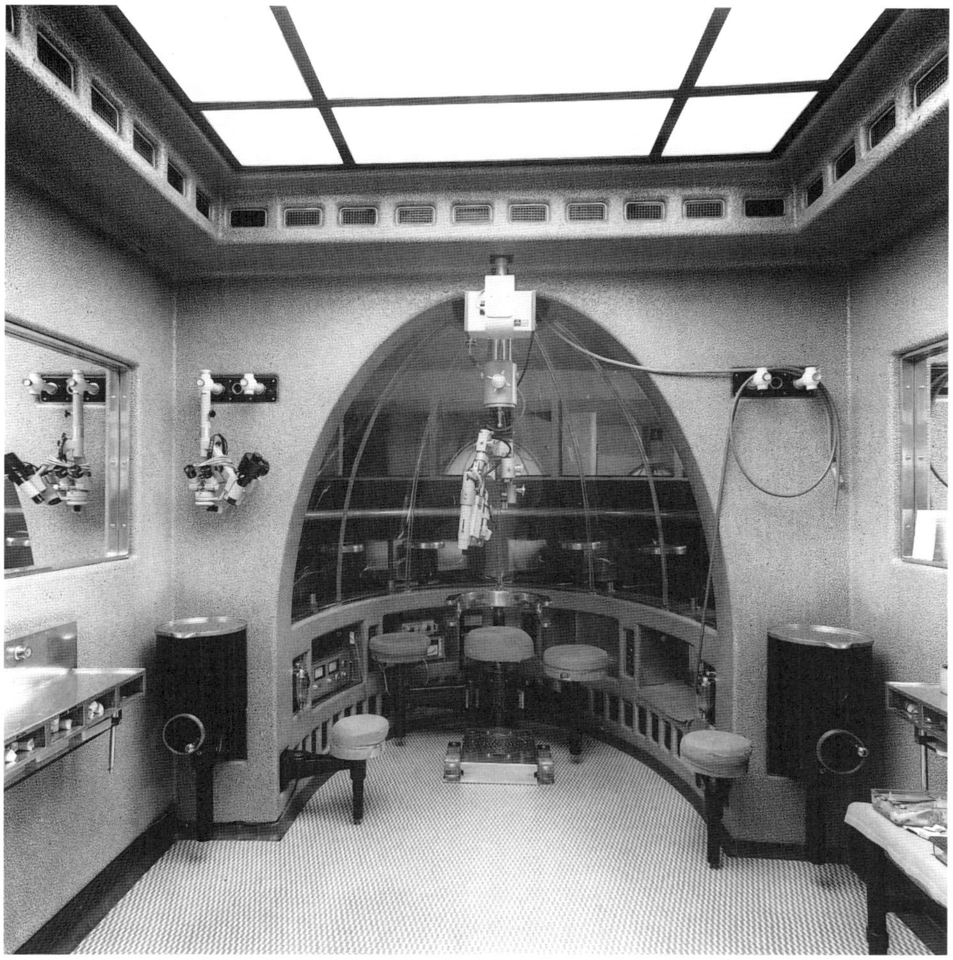

La clínica oftalmológica del conocido oculista Barraquer, en la esquina del Carrer de Muntaner y el Carrer de Laforia, presenta un aspecto exterior dinámico y liso que recuerda obras de Erich Mendelsohn o los hermanos Hans y Wassili Luckhardt. En contraposición el interior se caracteriza por una original mezcla de funcionalismo, el cariño por el detalle y elementos decorativos móviles del repertorio formal del «Art déco»: detalles de las puertas (láms. sup. izda. e inf. dcha.), recepción (lám. inf. izda.) y sala de operaciones (lám. sup. dcha.)

PELUQUERIA

EDIFICIO DE VIVIENDAS (izda.)

Josep Lluís Sert i López, 1930–1931
Carrer de Muntaner 342–348

DISPENSARIO ANTITUBERCULOSO

Josep Lluís Sert i López, Josep Torres i Clavé
y Joan B. Subirana i Subirana, 1934–1938
Passatge de Sant Bernat 10

La casa en el Carrer de Muntaner es el primer trabajo importante de Lluís Sert que había trabajado un año con Le Corbusier, y es además una de las obras más logradas del racionalismo español. En ella destacan las viviendas en dúplex y la esquina, resaltada plásticamente por el leve retranqueo y unas terrazas ligeras.
El dispensario antituberculoso surgió por encargo de la Generalitat y es uno de los pocos proyectos que los arquitectos del GATCPAC pudieron realizar.
El GATCPAC no dispuso apenas de tiempo para llevar a cabo sus planes. Fundado muy tarde, en 1930, cuando las vanguardias ya se habían institucionalizado en muchos países europeos, vió truncadas sus actividades con el inicio de la Guerra Civil en 1936: Torres, que junto con Sert constituía la fuerza motriz del grupo, murió en 1939 y Sert emigró primero a París y después a EEUU, convirtiéndose en decano de la Harvard University y sucesor de Walter Gropius.

CASA BLOC

GATCPAC, 1932–1936
Passeig de Torras i Bages 91–105

El objetivo de la Casa Bloc era la creación de viviendas baratas asequibles a los obreros, pero el grupo de arquitectos nunca llegó a cumplir ese objetivo. Con la entrada de las tropas franquistas en Barcelona hacia el final de la Guerra Civil, se confiscaron las viviendas para los miembros de la policía. Aunque estaban proyectadas para familias con escasos ingresos, las viviendas ofrecen bastante confort. Todos los apartamentos están orientados hacia la solana y el número de habitaciones por unidad varía dependiendo de la familia gracias a la construcción en dúplex. En el solar contiguo se encontraban los prototipos del proyecto. Tanto allí como en la Casa Bloc se reconocen importantes fragmentos de la gran empresa que daría lugar a la nueva Barcelona y en cuya fase inicial también colaboró Le Corbusier. Su teoría de las viviendas sociales coincidió aquí con la comprometida política social del primer presidente catalán Macià.

V

DE LA POSGUERRA A LA SOCIEDAD DE CONSUMO

AVINGUDA DEL PARALLEL 1954

ARNAU
ARNAU
ARNAU
LOLA FLORES
PENA
PENITA
PENA
GUNTHER
WEISGERBER
LAS DOS CARLOTAS

CINE FEMINA

Antoni de Moragas, 1951
Carrer de la Diputació 259–261

El Cine Fémina, uno de los primeros de Barcelona, fue remodelado por completo en los años 1949 y 1951. En los trabajos de reforma se crearon dos salas completamente independientes con una pantalla común. A los palcos sólo se podía acceder por el Carrer de la Diputació y al patio de butacas por el Passeig de Gràcia. En la nueva fachada llaman la atención las paredes onduladas de madera.

El final de la Guerra Civil significó la disolución del GATCPAC. Josep Torres i Clavé murió en el frente bélico y la mayoría de los miembros del grupo se exiliaron a América. También algunos quedaron silenciosos en Barcelona y otros volvieron lentamente. Josep Lluís Sert, que fue colaborador directo de Le Corbusier, se convirtió en uno de los líderes del movimiento moderno. De 1947 a 1956 fue el presidente de los CIAM (Congresos Internacionales de Arquitectura Moderna), siendo uno de los principales divulgardores de los nuevos principios racionalistas. Se instaló en Harvard y realizó una atractiva obra arquitectónica en los Estados Unidos. Años más tarde volvió a realizar obras en Barcelona, aportando hitos de modernidad como el conjunto residencial «Les Escales Park» en Pedralbes (1973–1976) y la Fundación Joan Miró en el Parc de Montjuïc (1972–1974).

Otro de los jóvenes arquitectos emigrados a América, Antoni Bonet i Castellana (1913–1989), será también uno de los máximos propagadores de la arquitectura moderna en Argentina y Uruguay. A partir de los años cincuenta volverá a trabajar en Barcelona y sus alrededores – como la casa La Ricarda en Prat de Llobregat (1953–1960) – y a partir de 1963 se instalará definitivamente en Barcelona. Entonces realizará dos obras tan interesantes como el Edificio Mediterrani en el Carrer del Consell de Cent entre Borrell y Urgell (1960–1966), reinterpretando desde la modernidad el tipo residencial del Eixample, y el Canódromo Meridiana (1962–1963) con una bella cubierta curva de acero con «brise-soleil» incorporado.[32]

Pero antes que estos arquitectos volvieran a Barcelona fueron los más jóvenes e inquietos los encargados de conseguir, a partir de finales de los años cuarenta, que la arquitectura catalana abandonara la inercia y la situación regresiva a la cual el franquismo la había conducido. Una situación marcada por el retorno a los clasicismos estilísticos y a las concepciones urbanas de tipo monumentalista, vigentes antes de la renovación promovida por la II República.

El hecho de estar en la periferia de España, pero a la vez cerca de Francia e Italia, y el hecho de disponer de una tradición propia mediterránea y racionalista, facilitarán la aparición de una arquitectura alternativa a la dominante, en la cual se sintetizarán las tendencias internacionales con las propias raíces. También hemos de tener en cuenta que hacia 1950 visitan Barcelona para impartir conferencias arquitectos como Alberto Sartoris (1949), Bruno Zevi (1950), Alvar Aalto (1951), Nikolaus Pevsner (1952), Gio Ponti (1953) y Alfred Roth (1955), causando una fuerte impresión en los jóvenes arquitectos catalanes.

Algunas obras serían emblemáticas de los cambios que se van produciendo: el Hotel Park (1950–1954) y el Cine Fémina (1951) de Antoni de Moragas[33], las

LAS

casas de la Barceloneta (1952–1954) de José Antonio Coderch, la sede de la editorial Gustavo Gili de Francesc Bassó y Joaquim Gili (1954–1961), las viviendas del Carrer de Pallars de los arquitectos Bohigas y Martorell (1958–1959) y la Casa M.M.I. de Josep Maria Sostres (1955–1958). Todas estas obras evidencian la reinterpretación de los paradigmas formales internacionales, desde la propia sensibilidad de cada arquitecto.

Para poder impulsar la renovación de la arquitectura y el urbanismo estos jóvenes crearon el Grupo «R», el cual se dedicó, además, a promover exposiciones y concursos entre los estudiantes de arquitectura. El Plan Cerdà, el Modernismo catalán y el racionalismo de los arquitectos del GATCPAC serán los hitos más significativos de la tradición moderna en Barcelona que estos arquitectos pondrán como modelo. Al mismo tiempo, intentarán acercarse a las corrientes internacionales, especialmente al neo-liberty y contextualismo italianos y al organicismo y empirismo nórdicos.

Esta revitalización del mundo de la arquitectura tendrá también paralelismos en otros disciplinas. Ello se reflejará en la creación del grupo «Dau al Set» en el campo del arte y la aparición de diversos grupos que se distinguen por pertenecer a la Escuela de Barcelona en los campos de la literatura, el cine, etc.

A lo largo de estos años, el arquitecto José Antonio Coderch, miembro del «Team 10» y autor de obras como la Casa Ugalde en Caldetes (cerca de Barcelona), se convierte en el arquitecto catalán más destacado. Con evidentes similitudes con las ideas y obras de arquitectos de aquel período, como Luis Barragán en México, Fernando Távora en Portugal o Aldo van Eyck en Holanda, Coderch formula un sistema de creación de espacios con una austeridad de medios aprendida de la arquitectura popular mediterránea. Un Sistema basado en subrayar la intimidad del espacio doméstico, protegiéndolo con muros y celosías, y organizándolo a base de estancias articuladas en torno a patios privados que siguen itinerarios quebrados.[34]

En cierta manera, la madurez y modernización de la arquitectura catalana se evidenciará en la calidad de las propuestas que se presentaron en 1957 al concurso para la nueva sede del Collegi Oficial d'Arquitectes. Al final este edificio radicalmente moderno, dentro del centro histórico, fue proyectado por Xavier Busquets.

Tras conseguir los primeros objetivos, el Grupo «R» se disolverá. A principios de los años sesenta la arquitectura moderna se desarrolla en Cataluña.[35] Por aquel entonces muchos arquitectos jóvenes se habían adscrito al nuevo lenguaje común. Será el que Oriol Bohigas a finales de los años sesenta y siguiendo el nombre de otros grupos barceloneses, denominará «Escuela de Barcelona».[36] Se

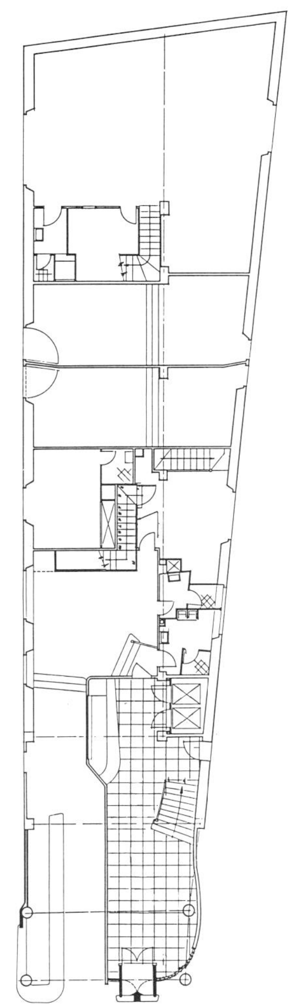

HOTEL PARK

Antoni de Moragas, 1950–1954
Avinguda del Marquès de l'Argentera 11

La importancia de esta obra radica en el hecho de que se trata de la primera arquitectura moderna construida en Barcelona tras la Guerra Civil y tras diez años de mediocridad. Moragas plasmó en este proyecto las influencias de la arquitectura moderna europea recibidas a través de las revistas especializadas y las conferencias del Colegio de Arquitectos, sobre todo de los nórdicos Eric Gunnar Asplund y Alvar Aalto y los racionalistas holandeses como Johannes Duiker.

Aunque estaba situado en el casco antiguo de la ciudad, Moragas consiguió integrar sin estridencias esta obra drásticamente moderna. En 1990 fue renovada por completo (planta).

POLLERIA
115 CAZA
117 FRUTAS Y VERDURAS SELECTAS
RDERO Y TERNER

puede decir que los antiguos miembros del Grupo «R» continuan en gran medida dentro de las directrices de esta escuela, una manera de hacer a la que también se incorporan los arquitectos Federico Correa y Alfonso Milà, Lluís Cantallops, Lluís Domènech, Ramon Maria Puig, Leandre Sabater, Lluís Nadal, Vicenç Bonet, Pere Puigdefàbregas y el Studio PER. Una arquitectura que sigue las pautas del denominado «realismo», concepción ambigua defendida por gran parte de los arquitectos italianos, desde los neorrealistas romanos como Ludovico Quaroni hasta los teóricos milaneses como Ernesto Nathan Rogers.
Además de muchas obras por toda Cataluña, destacan en Barcelona edificaciones como las viviendas en la Avinguda de la Meridiana (1959–1965) de Martorell-Bohigas-Mackay, el edificio Monitor en la Avinguda Diagonal (1969–1970) de Correa-Milà, y la residencia de estudiantes Mare Güell (1963–1967) de Cantallops-Rodrigo.
Observando las citadas obras de esta Escuela de Barcelona, siempre de tamaño pequeño y medio, se comprueba cuales son sus características: búsqueda de un método compositivo que defina el todo a través de las partes, utilización de un lenguaje que exprese la sinceridad de la lógica constructiva, énfasis puesto en la calidad del trabajo artesanal y el uso de materiales – como el ladrillo, la cerámcia, etc. – tan significativos dentro de la tradición arquitectónica catalana y, por lo tanto, con capacidad comunicativa y educativa; cuidadoso diseño de los espacios intermedios como accesos, patios y escaleras; compromiso con el papel educador y comunicativo de la arquitectura como intermediaria entre la cultura arquitectónica y el usuraio. Toda esta arquitectura, arraigada en la cultura catalana, estará impregnada del realismo, el empirismo y el posibilismo típicos de los catalanes.[37]
Señalando una vía diferente a la de la Escuela de Barcelona, los arquitectos Enric Tous y Josep Maria Fargas propondrán un uso más decidio de las posibildades tecnológicas. Mediante una obra como por ejemplo la Banca Catalana (1965–1968), un edificio de oficinas a base de módulos prefabricados, Tous y Fargas consiguieron introducir una nueva arquitectura representativa y cuidadosamente diseñada dentro de un emplazamiento tan comprometido como el Passeig de Gràcia. También en aquellos años un equipo de prestigio internacional formado por Belgiojoso, Peressutti y Rogers realiza en la Ronda Universidad la sede de Hispano-Olivetti (1960–1964). El gurpo milanés optó por un muro-cortina de cristal dentro del tejido histórico barcelonés.
Indudablemente la obra más importante en este campo durante los años sesenta son las oficinas del Noticiero Universal (1963–1964) proyectadas por Josep Maria Sostres. Si la Pedrera definía la máxima exuberancia a la que se podía

FABRICA DE CITROËN

llegar en una esquina del ensache Cerdà, el Noticiero Universal define el límite del minimalismo y la abstracción. Sostres interpreta a fondo la lógica de la fachadas del Eixample como un plano liso, una piel que separa el intrincado espacio interior del abierto espacio público. Dentro de este plano se recortan repetitivamente la silueta vertical de la ventana-balcón, el hueco esencial en la memoria del Eixample. Para insistir en la abstracción moderna, Sostres elimina la cornisa de remate.

Pero mientras unos pocos arquitectos cualificados construyen pequeñas obras modelo, a lo largo de los años sesenta, a causa del gran crecimiento económico, Barcelona se densifica con una arquitectura meramente especulativa que rellena sus vacíos, no permite ningún area verde y se extiende como una mancha de aceite hacia los pueblos limítrofes y la periferia. En el Eixample se autoriza la construcción de áticos que rompen la unidad volumétrica de las manzanas. La fiebre constructiva lleva incluso a la destrucción de piezas del Modernismo, entonces aún poco valoradas. Los barrios periféricos, siguiendo una aplicación descolorida y especulativa de los criterios del urbanismo racionalista, se pueblan de polígonos, conjuntos residenciales a base de bloques y torres que son una mala copia de los «grandes ensembles» franceses, con peor arquitectura si cabe y nulo nivel de equipamientos públicos.

Al mismo tiempo, los territorios de toda la costa catalana pierden su paisaje en aras de construcciones turísticas abusivas. El franquismo no sólo deja una huella de represión en las generaciones nacidas en los años treinta y cuarenta, sino que, junto a la variable de un desarrollismo sin control urbanístico, deja la pesada herencia de unas ciudades sin un perfil propio y unos paisajes sin memoria.

En el terreno de la arquitectura más culta los tiempos van evolucionando y, a lo largo de los años setenta, la obra de algunos arquitectos barceloneses se diferencia claramente de lo que sería la tradición de la Escuela de Barcelona. Ricardo Bofill, fundador del Taller de Arquitectura (1963), después de algunas primeras obras en Barcelona aún adscritas a este lenguaje común, empieza a defender una arquitectura en el espacio de carácter experimental, inspirada en las nuevas corrientes tecnológicas defendidas, entre otros, por el grupo británico de Archigram. Sus tentativas culminan con la realización del Walden 7 en Sant Just Desvern (1970–1975) – una especie de ciudad en el espacio hecha con tecnología convencional.

También los jóvenes integrantes del Studio PER – Lluís Clotet, Oscar Tusquets, Christian Cirici y Pep Bonet –, después de asimilar las influencias norteamericanas de Robert Venturi, empiezan a hacer una arquitectura evocadora y comuni-

BAÑOS
ORIENTALES

BLOQUE DE VIVIENDAS (izda.)

José Antonio Coderch e Sentmenat y Manuel Valls i Vergés, 1951–1954
Passeig Nacional 43

EDIFICIO DE VIVIENDAS

Oriol Bohigas y Josep Maria Martorell, 1958–1959
Carrer de Pallars 299–317

El edificio de viviendas de Coderch, destacado arquitecto catalán de la segunda mitad del siglo XX, se ha convertido en paradigma del renacer de la arquitectura moderna barcelonesa. En dicha obra predominan los espacios introvertidos y fluidos, protegidos por las persianas de madera en la fachada. Sorprende la yuxtaposición de formas abastractas y modernas con elementos convencionales.

Bohigas y Martorell eligieron una construcción artesanal y materiales tradicionales que respondían mejor a las condiciones del lugar y el gusto de la época.

4BF88
Z-9736

cativa de caracter posmoderno, que definirá una vía propia. Así Clotet y Tusquets realizan entre 1969 y 1971 la ampliación de un edificio de viviendas en el Carrer de Sant Màrius, a base de un expresivo «collage» de materiales producidos en serie.

Por último, los arquitectos Albert Viaplana y Helio Piñón trabajarán una salida conceptual y abstracta para al arquitectura de finales del siglo XX, no alejada de las propuestas de los norteamericanos Peter Eisenman y John Hejduk. Un período de silenciosa y paciente experimentación culminará, ya principios de los años ochenta, en la Plaça dels Països Catalans al lado de la estación de Sants.[38]

En resumen, a lo largo de los años setenta se va poniendo de manifiesto la llegada de las nuevas y diversas metodologías internacionales planteadas por Aldo Rossi, Robert Venturi y Peter Eisenman.

José Antonio Coderch destaca en aquellos años por su rigurosidad y por su capacidad para conseguir una máxima expresión con una gran economía de medios formales. Durante estos años Coderch define para Barcelona algunos de los hitos que más la caracterizarán como ciudad moderna: las torres de oficinas Trade (1966–1969) en el centro comercial de la ciudad, con singulares formas curvas, retranqueadas y acristaladas; el conjunto de viviendas del Banco Urquijo en el Carrer Raset (1967), una de las obras más perfectas en el terreno residencial; el Instituto Francés (1972–1975), de forma cúbica y austera; y su obra póstuma – Coderch murió en 1984 –, la ampliación de la Escuela de Arquitectura de Barcelona (1978–1985), un pabellón bajo y de formas orgánicas que sirve de zócalo a la torre prismática del edificio existente. Con su obra, Coderch ha demostrado su capacidad para definir una trayectoria muy personal.

Además de las realizaciones citadas, son representativas de los años setenta obras como el conjunto residencial en el Passeig de la Bonanova (1970–1973) de Martorell-Bohigas-Mackay y el Edificio Frégoli (1972–1975) de Esteve Bonell, primera manifestación del difuso y elegante eclecticismo que se expandirá entre la arquitectura catalana de los años ochenta.[39]

COLLEGI OFICIAL D'ARQUITECTES DE CATALUNYA

Xavier Busquets i Sindreu, 1958–1962
Plaça Nova 5

En 1957 se convoca un concurso para la nueva sede del Colegio de Arquitectos que mostraría la madurez de la arquitectura catalana. Se pedía una obra manifiestamente moderna para un solar situado en el corazón de la ciudad antigua frente a la catedral. Xavier Busquets ganó el concurso en el que participaron los arquitectos catalanes más competentes del momento. Para realizar el proyecto fue necesario introducir importantes cambios sobre la idea general. La solución final constaba de un volumen horizontal de base transparente – la sala de exposiciones – y coronación opaca – el salón de actos –, combinado con una alta torre para la administración, la investigación y la enseñanza. En los muros interiores y exteriores del salón de actos se realizó un mural diseñado por Pablo Picasso, labrando los muros lisos de hormigón.

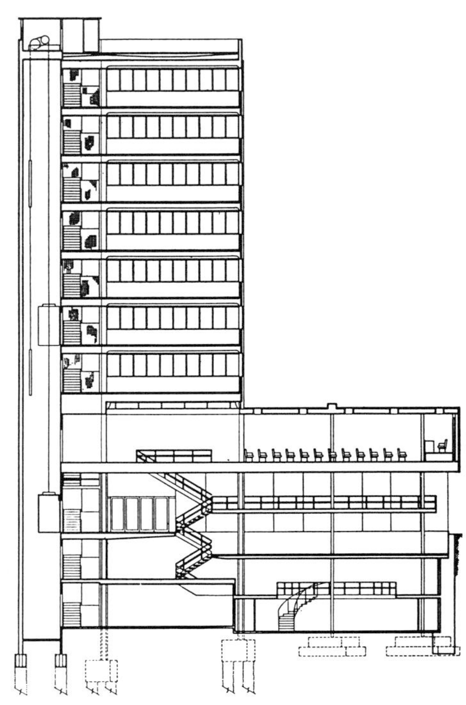

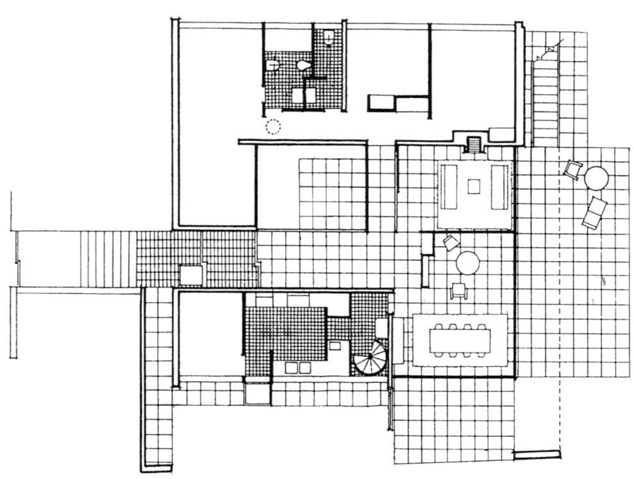

CASA M.M.I.

Josep Maria Sostres i Maluquer, 1955–1958
Ciutat Diagonal

De esta generación de arquitectos catalanes impulsores de la modernización de la arquitectura, el más experimental y abierto fue Josep Maria Sostres. La gran variedad de formas arquitectónicas que caracterizan sus obras, ya sean en la montaña, la ciudad o la playa, son una prueba de ello. La Casa M.M.I. con su forma horizontal y sus claros contornos es una muestra perfecta de esta búsqueda incansable de una arquitectura moderna.
La casa presenta un aspecto diferente en cada cara: cerrada hacia el norte, se abre a la cara sur y al jardín. El patio, el salón, el comedor y la terraza se encuentran entre la zona de los dormitorios y los baños y la zona de trabajo con la cocina y el despacho. Una escalera de caracol comunica el garage con el despacho y el pabellón de cristal con la terraza superior.
Partiendo de la estrecha escalera de la entrada, el visitante llega a habitaciones cada vez más grandes y luminosas hasta alcanzar la terraza abierta. La mampara del vestíbulo y el parasol alargado del frente acristalado en el sur, crean una especie de cubierta secundaria que mantinene la casa fresca durante el verano; el patio proporciona además aire fresco.
Los principales elementos decorativos son las luces y las sombras, las superficies brillantes y las mates, los tonos claros y los oscuros, creando constantemente nuevas figuras geométricas y juegos de luces y sombras gracias a los reflejos, los contrastes y los centelleos de la luz.

EDITORIAL GUSTAVO GILI

Francesc Bassó i Birulés y Joaquim Gili i Moros, 1954–1961
Carrer del Rosselló 89

Situada en el espacio libre del interior de una manzana Cerdà, constituye un ejemplo perfecto de moderna arquitectura funcional en la que afloran las influencias de las corrientes internacionales de los años 30.
El interior está envuelto por una atmósfera práctica ya que se renuncia a todo elemento decorativo. Un gran espacio unitario acoge las oficinas que se extienden a dos niveles, en la planta baja y el primer piso del edificio principal. El colorido es igualmente sobrio y frío, se reduce al negro, el gris y el blanco.
Delante de la fachada se ha colocado un «brise-soleil» gigante con planchas de cemento. El aspecto general está dominado – de acuerdo con las obras modernas clásicas – por blancas superficies, soportes lisos y ventanas corridas con engastes de acero.

FABRICA SEAT

César Ortiz Echagüe y Rafael Echaide Itarte, 1958–1960
Plaça d'Ildefons Cerdà, Passeig de la Zona Franca 270, Gran Via de les Corts Catalanes 140; Dependance

SEAT

EDIFICIO DE VIVIENDAS

Oriol Bohigas, Josep Maria Martorell y
David Mackay, 1959–1965
Avinguda de la Meridiana 312–316

EDIFICIO DE VIVIENDAS

José Antonio Coderch y Manuel Valls,
1957–1961
Carrer de Johann Sebastian Bach 7

Asentada ya la arquitectura moderna en Cataluña, Bohigas, Martorell y Mackay se permiten el lujo de plantear una obra manifiesto en la Avinguda de la Meridiana, una contestación a las tendencias especulativas en las actividades constructivas de Barcelona. Las plantas de las viviendas son bastante amplias y la fachada asume la función de una muralla que recuerda a un panal con sus numerosas ventanas. Cada una de ellas busca la orientación óptima para proteger la vivienda del ruido de la gran avenida llena de automóviles.
Si Coderch, Sostres, Bassó o Gili seguían los modelos de Le Corbusier, Mies van der Rohe, Alvar Aalto o Richard Neutra; Bohigas, Martorell y Mackay se aproximan por estos años a la arquitectura artesanal y de ladrillo de la Escuela de Amsterdam, por ejemplo de Michel de Klerk, Pieter Lodewijk Kramer o Hendricus Theodorus Wijdeveld.
Al igual que en el edificio normativo del Passeig Nacional en la Barceloneta, en este bloque de apartamentos del Carrer de Johann Sebastian Bach dominan las persianas de las fachadas. El acceso se ha solucionado de una forma muy similar a la Casa Milà de Gaudí: a través del ascensor y no de la escalera se accede directamente a la vivienda, todas las habitaciones se abren a esa entrada central.

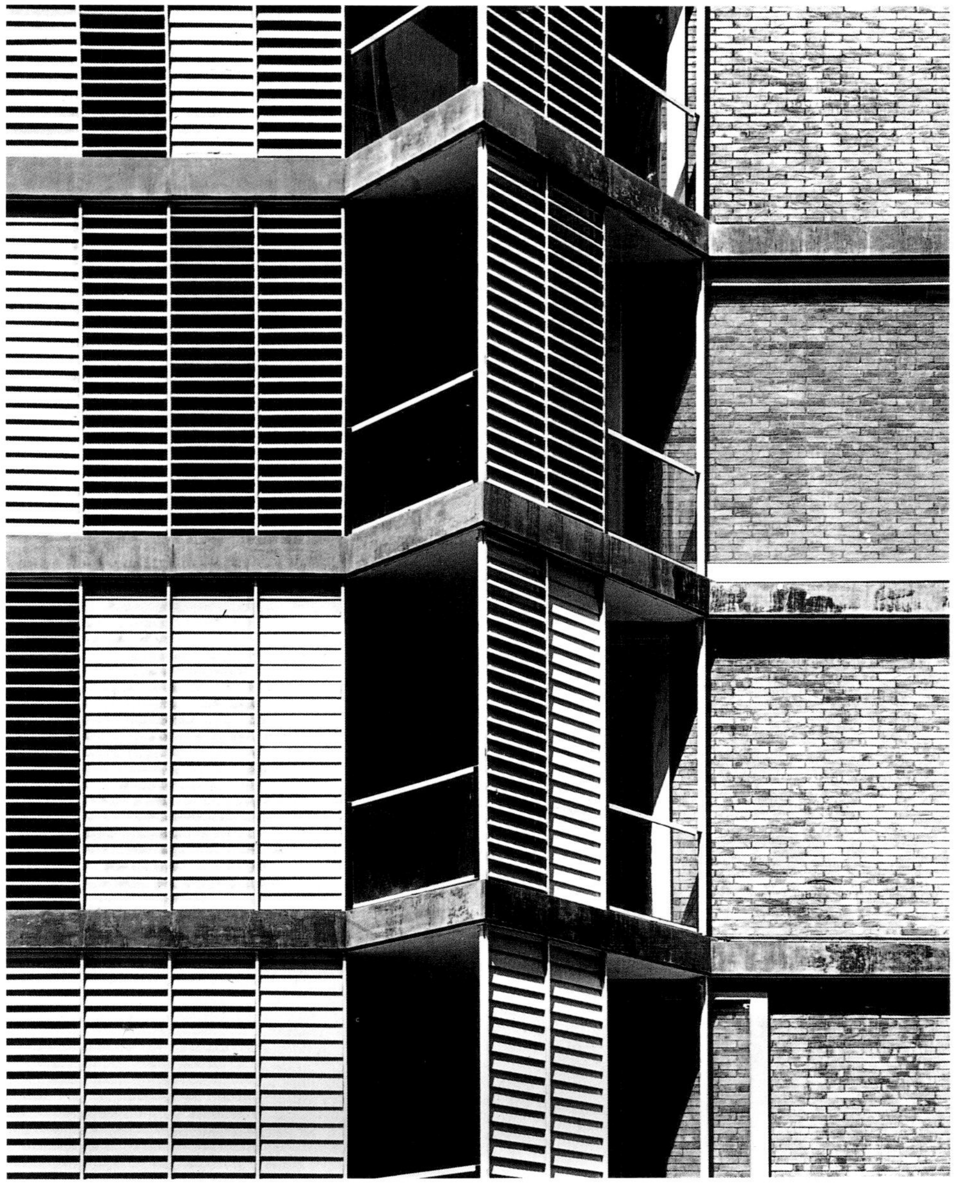

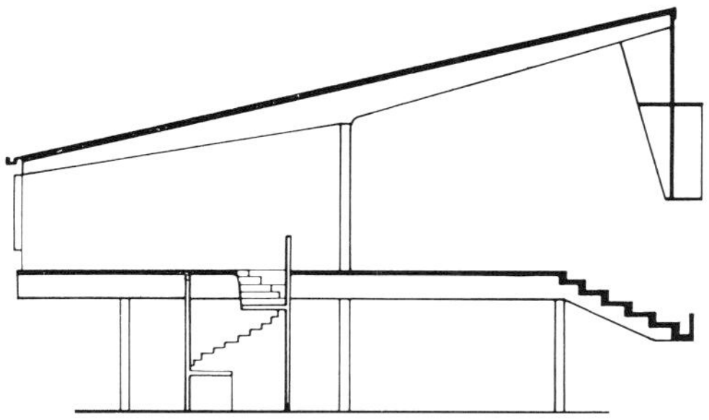

CANODROMO DE MERIDIANA

Antoni Bonet i Castellana y Josep Puig i Torné, 1962–1963
Carrer de Concepció Arenal 165

Tan claro y simple era el objetivo de esta obra – un canódromo con las tribunas y las ventanillas de apuestas –, como certera fue la solución arquitectónica. El edificio se extiende a lo largo de la recta final. El nivel de la terraza, con las ventanillas en la parte posterior redondeada, se levanta por encima del circuito permitiendo seguir el transcurso de las carreras sin ningún tipo de trabas. El tejado describe el contorno de un arco rebajado cortado en los extremos. La abertura creada por la horizontal de la tribuna y el tejado inclinado del que cuelga un parasol, nos hace pensar en una ostra alargada y entreabierta. La filigrana de acero, que parece ajustarse al canódromo, otorga al conjunto elegancia y levedad.

FUNDACIO JOAN MIRO

Sert, Jackson and Associates, 1972–1974;
Jaume Freixa i Janáriz, 1988
Parc de Montjuïc, Avinguda de Miramar

La fundación privada creada por Joan Miró en 1971 tiene dos metas primordiales: por una parte, la presentación adecuada de la obra del artista catalán en una instalación permanente, que ha sido posible gracias a numerosas donaciones y se completa con exposiciones temporales sobre diferentes campos temáticos dentro de su obra; y por otra parte la promoción general del arte contemporáneo a nivel internacional.

El plano del edificio es obra de Josep Lluís Sert, un íntimo amigo del artista, siendo una de las pocas obras de importancia suprarregional que destacan dentro de la arquitectura moderna barcelonesa. Sert aplicó fragmentariamente la idea del museo helicoidal y ampliable de Le Corbusier. Gracias a una concepción marcadamente horizontal de todo el complejo, consiguió en las salas una suave luz cenital. Se crea así una amplia superficie en la azotea que proporciona un escenario convincente para la presentación de las esculturas de Miró. La ampliación de Jaume Freixa se mantiene dentro del concepto del edificio principal.

WALDEN 7

Ricardo Bofill, Taller de Arquitectura,
1970–1975
Sant Just Desvern

Este compacto bloque compuesto por 400 viviendas cubo tipificadas, fue el resultado de intensos preparativos teóricos del equipo de Bofill, el Taller de Arquitectura, que instaló sus oficinas directamente al lado en una antigua fábrica de cemento. Bajo la influencia de las utopías tecnológicas de los años sesenta, se planteó una especie de alternativa a la ciudad convencional, una formalización de la ciudad en el espacio. Se trataba de una ciudad vertical basada en la comunicación de células individuales de vivienda con servicios comunes. Pensada para una persona metropolitana libre de todas las convenciones sociales heredadas, que exige nuevas formas de vida. El experimento fracasó y en la actualidad se encuentra en un estado ruinoso.

VI

LA BARCELONA ACTUAL

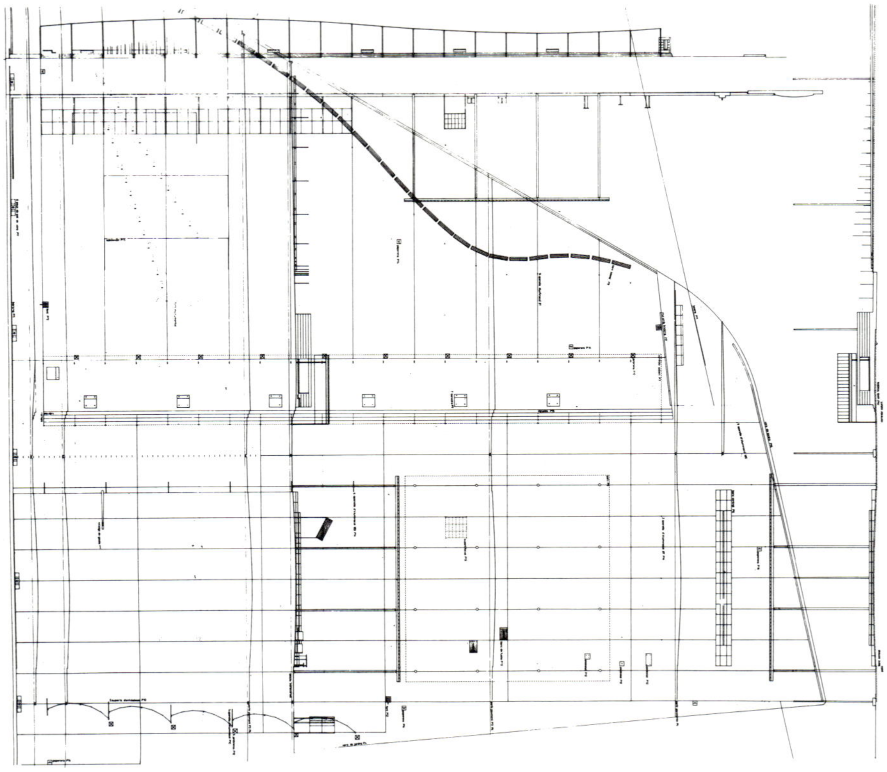

A finales de los años setenta la ciudad de Barcelona empieza a corregir la nefasta herencia urbanística aportada por la dictadura franquista. En la época de la transición hacia la democracia municipal, con el alcalde Josep Maria Socias (1976–1979) y el arquitecto Josep Antoni Solans como planificador, se emprenden acciones encaminadas a disponer del suelo de propiedad pública, a promocionar obras sociales tales como viviendas populares y espacios públicos, y a recuperar edificios de interés histórico. Todo ello recibe un definitivo impulso con el ayuntamiento socialista (desde 1979), bajo las directrices de Narcís Serra primero y de Pascual Maragall después (desde 1982).

A comienzos de los años ochenta el arquitecto Oriol Bohigas, delegado del Area de urbanismo, se convertirá en asesor de las iniciativas municipales. El proyecto consiste en modernizar la ciudad, aprovechando sus propias cualidades y características. Regenerar y reconstruir Barcelona a partir de espacios y edificios públicos característicos de cada barrio. Fue entonces cuando se pensó en la posibilidad de obtener la nominación como Sede de los Juegos Olímpicos de 1992. Se suponía que impulso urbano e impulso olímpico podrían unirse para replantear de manera decisiva y global la transformación de la ciudad.[40]

Durante los primeros años las intervenciones se basaron primordialmente en la promoción de nuevas plazas y parques, en la realización de centros cívicos en bastantes barrios barceloneses, e incluso en el planteamiento de nuevos edificios deportivos. En 1983 se convocó el concurso internacional para la resolución del Anell Olímpic y en 1984 se inauguró el nuevo Velódromo de Horta.

En octubre de 1986 las esperanzas colectivas se confirmaron: Barcelona sería la sede de los Juegos Olímpicos. Por una parte ello constituyó un hecho positivo: Barcelona cumplió así su deseo de recuperar los Juegos Olímpicos que en 1932 le arrebatara el Berlín de Hitler. Pero, por otra parte, se inicia una carrera contrarreloj: la ciudad deberá replantear toda su infraestructura con suma urgencia, todos los edificios necesarios se deberán construir en un brevisimo plazo y para los ciudadanos se va a iniciar un imparable proceso de encarecimiento de la vida.[41]

Por lo tanto, a partir de finales de 1986, la escala, los presupuestos, los plazos, las características y los promotores de cada intervención varían respecto a los años anteriores. Cualquier operación deberá proyectarse y tramitarse lo más rápidamente posible y los operadores urbanos deberán ser sumamente potentes. De esta manera los movimientos populares pasan a segundo término y la ciudad, este delicado organismo que debe pactarse lentamente – «el lugar por excelencia del conflicto y la discordia, el último contexto en el que, a través de la continua contraposición de ideas, es posible un cierto diálogo con la verdad»,

PLAÇA DELS PAÏSOS CATALANS

Helio Piñón, Albert Viaplana y Enric Miralles, 1981–1983
Carrer de Muntades

El proyecto junto a la Estación de Sants forma parte de una serie de plazas que la ciudad de Barcelona llevó a cabo a lo largo de los años 80. Es un símbolo de la nueva corriente de una arquitectura intelectual que busca la abstracción formal. Sobre el pavimento ondulado de la plaza aparecen tramas geométricas, esculturas, pórticos, formas y elementos que pertenecen al repertorio de la arquitectura, a las posibilidades expresivas del arquitecto y a la realidad mágica del plano sobre la mesa de dibujo.

Página siguiente:

PLAÇA DEL SOL (lám. sup. izda.)

Jaume Bach y Gabriel Mora, 1981–1985

PARC DE L'ESPANYA INDUSTRIAL (láms. inf. izda. y sup. dcha.)

Luís Peña Ganchegui y Francesc Rius, 1981–1986

PEU DEL FUNICULAR DE VALLVIDRERA (lám. inf. dcha.)

José Llinàs, 1982–1985
Avinguda de Vallvidrera, Carrer de Carrós

DROGUERIA

Página precedente:

FOSAR DE LA PEDRERA (izda.)

Beth Galí, 1983–1986
Montanya de Montjuïc

JARDINES DE LA VILLA CECILIA (dcha.)

José Antonio Martínez Lapeña y Elias Torres, 1982–1986
Carrer de Santa Amèlia

en palabras de Franco Rellas[42] – deberá levantarse a contrarreloj, eludiendo complicaciones dialécticas. El proceso de construcción de la ciudad se deberá forzar hasta límites peligrosos.

En resumen, el crecimiento de Barcelona desde los años ochenta va emparejado a dos fenómenos: el hecho general de la gestión democrática que ha intentado recuperar el tiempo perdido por lo que respecta al equipamiento de toda ciudad contemporánea y el factor singular de los Juegos Olímpicos que ha permitido canalizar y movilizar las inversiones en una dirección concreta.

Las intervenciones actuales han seguido la estrategia general de completar la forma de la ciudad existente: construir grandes parcelas libres de infraestructuras obsoletas – como estaciones y líneas de de ferrocarril, edificios industriales, antiguos hospitales, etc. –, crear nuevos espacios públicos, replantear determinadas areas urbanas, y reforzar todo el sistema de comunicación viaria. Puesto que la ciudad ya está en gran parte consolidada, las principales transformaciones no se realizan en su centro, sino en el perímetro del cuadrado: en los barrios periféricos, en los accesos a la ciudad, en el frente marítimo y en la línea de montaña.[43]

Ahora bien, si cada una de las operaciones está pensada en relación a la ciudad existente, completándola y mejorándola, en algunos casos ésta se ha forzado y transformado negativamente, perdiendo su estructura característica de adición de pequeñas piezas. Ello sucede, en cierta manera, en el Anell Olímpic y en la Vila Olímpica.

Desde un punto de vista formal podríamos dividir las intervenciones recientes en cuatro grupos: áreas, líneas, nudos y puntos. Las áreas se refieren a las cuatro zonas urbanas donde se han celebrado los Juegos Olímpicos de 1992. La intervención más importante es la de la Vila Olímpica, que ha permitido recuperar una buena porción de franja costera, a la vez que se ha creado todo un nuevo barrio residencial. Barcelona, que siempre había ido desarrollando sus áreas más representativas hacia poniente, intentará romper con una tendencia ancestral de todas las ciudades, tal como lo detectó Claude Lévi-Strauss[44], reconduciendo su desarrollo hacia el este.

Sin embargo, la solución morfológica de la Vila Olímpica – que no sabe aprovechar las características definitorias de la manzana Cerdà, ni las ventajas del urbanismo moderno, ni las propuestas tipológicas basadas en el fraccionamiento máximo de toda la operación – no promete resultados muy esperanzadores. Los elementos más representativos de la Vila Olímpica van a ser los rascacielos casi gemelos, uno de ellos proyectado desde Chicago por Skidmore, Owings & Merrill.[45]

NUEVO JARDIN BOTANICO

Carlos Ferrater, Josep Lluís Canosa y
Beth Figueras, 1988
Montjuïc

Todavía en proyecto, se trata de una de las propuestas más innovadoras de la reciente arquitectura barcelonesa. El centro del conjunto está integrado por dos alas de edificios comunicadas con un puente y acoge distintas zonas: museo, invernaderos, herbarium, laboratorios, restaurante y oficinas. El recinto, con todo tipo de variedades mediterráneas, está cubierto por una red de caminos cuya estructura recurre a las geometrías fragmentales de Mandelbrot.

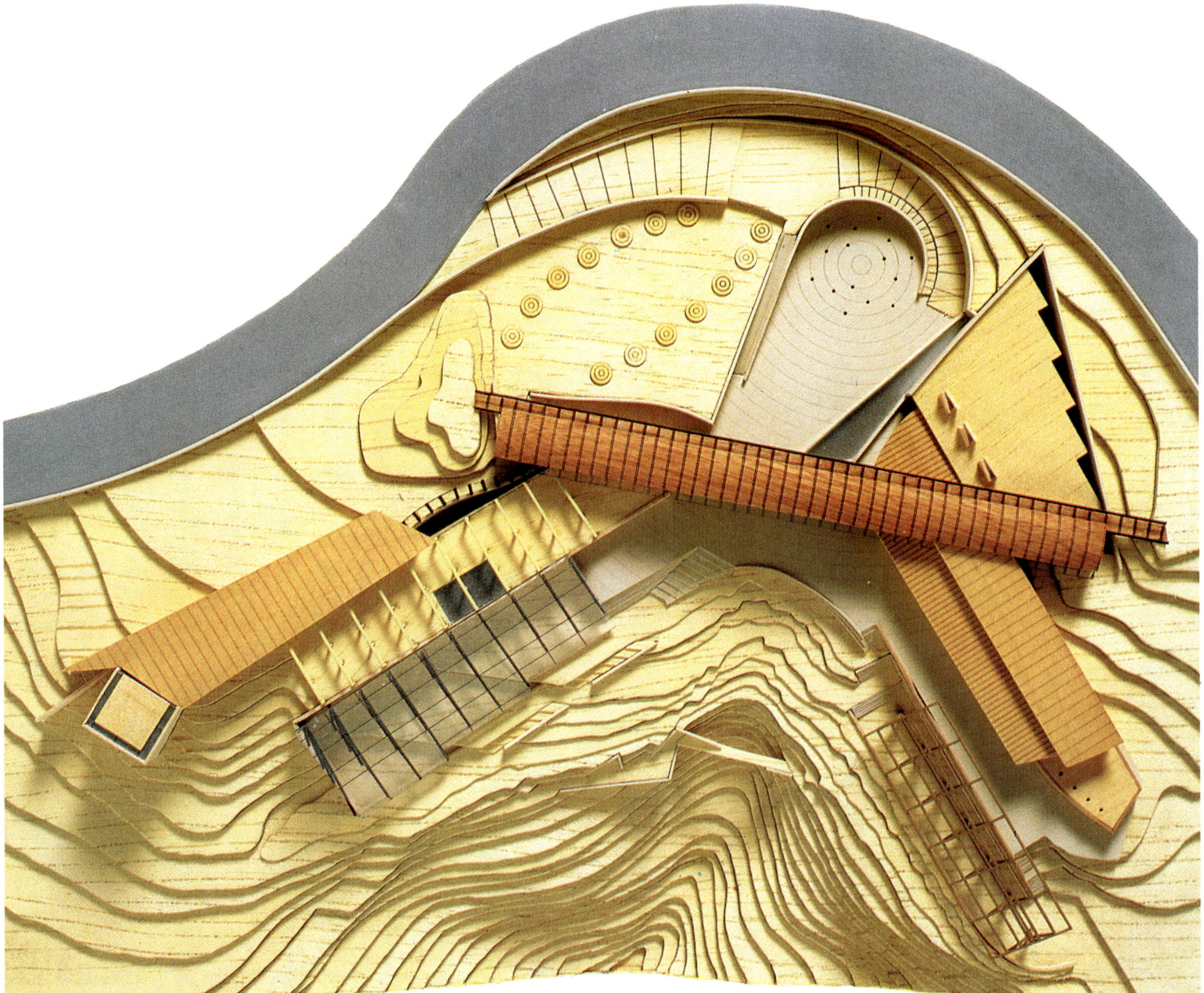

La intervención que revela una mayor coherencia morfológica y calidad espacial es la desarrollada unitariamente siguiendo el trazado de tres manzanas de la trama Cerdà (1988–1992), obra de un equipo dirigido por Carlos Ferrater, uno de los arquitectos catalanes que ha sabido elaborar con mayor precisión su propio método y lenguaje arquitectónico. En este proyecto la construcción perimetral de cada manzana se fracciona para dejar paso a una rambla y para elevar unas torres singulares en cada esquina. Además, los jardines interiores plantean una interpretación moderna de la idea primigenia de Cerdà.[46]

En el área del Vall d'Hebrón destaca una obra temprana – el ya citado Velódromo de Horta proyectado por Esteve Bonell y Francesc Rius – y toda una serie de intervenciones para crear espacios deportivos interiores y exteriores. Entre ellos están las instalaciones de tiro con arco proyectadas por Enric Miralles y Carme Pinós (1989–1992).

El área olímpica más representativa es la del Anell Olímpic de Montjuïc que consiste en una plataforma gigante que articula cuatro grandes edificios deportivos: el Estadio Olímpico, el Palau Sant Jordi, la escuela del INEF y las Piscinas Picornell. De todos ellos el más singular es el Palau Sant Jordi proyectado por un equipo dirigido por el japonés Arata Isozaki (1984–1990). El edificio consiste en una escultórica concha situada sobre un sólido cuerpo de base. Frente al Anell Olímpic se ha creado una fachada permeable que, junto a la forma volumétrica, otorga al edificio una expresión monumental que complace la aspiración de los ciudadanos de indentificarse con los grandes monumentos colectivos.[47]

Por lo que respecta a lo que hemos denominado líneas está claro que, para facilitar la conexión entre todos los barrios, áreas o partes de la ciudad, es imprescindible perfeccionar continuamente las líneas de comunicación, desde los cinturones de ronda hasta los paseos, desde los puentes hasta los túneles, desde las línes de metro hasta las galerías de servicio. Para ello se ha intentado llevar adelante una nueva idea de via rápida que sea urbana y que a la vez cree espacios ajardinados para los peatones.

Completan el sistema de comunicaciones dos nuevas intervenciones. La torre de telecomunicaciones en Collserola (1989–1992), proyectada por Norman Foster, que agrupa con un único elemento tecnológico todas las antenas diseminadas por la montaña, convirtiendose a la vez en simbólico monumento a la tecnología que destaca en el «skyline» de la ciudad. Y el nuevo aeropuerto de Barcelona proyectado por el equipo de Ricardo Bofill (1987–1991), que se resuelve en una forma lineal basada en salas de espera de forma triangular, articuladas según una rambla cubierta con una doble fachada de vidrio.

PARC DE L'ESTACIO DEL NORD

Andreu Arriola, Carme Fiol y Enric Pericas, 1985–1987

Se trata de la creación de un parque en los terrenos libres junto a la antigua Estación del Norte. Es el punto de partida para una amplia zona verde que se extiende a lo largo de las vías hasta la Plaça del General Moragues y el Parc Sant Marti.
Todo el proyecto gira en torno a las dos grandes esculturas del artista americano Beverly Pepper. Una escultura lleva el título «Cel Caigut», «cielo pálido», y parece crecer del terreno, recuerda la forma de una ballena arrastrada hasta la playa. La otra, con el título «Espiral abrada», consta de una espiral de madera plantada con árboles.

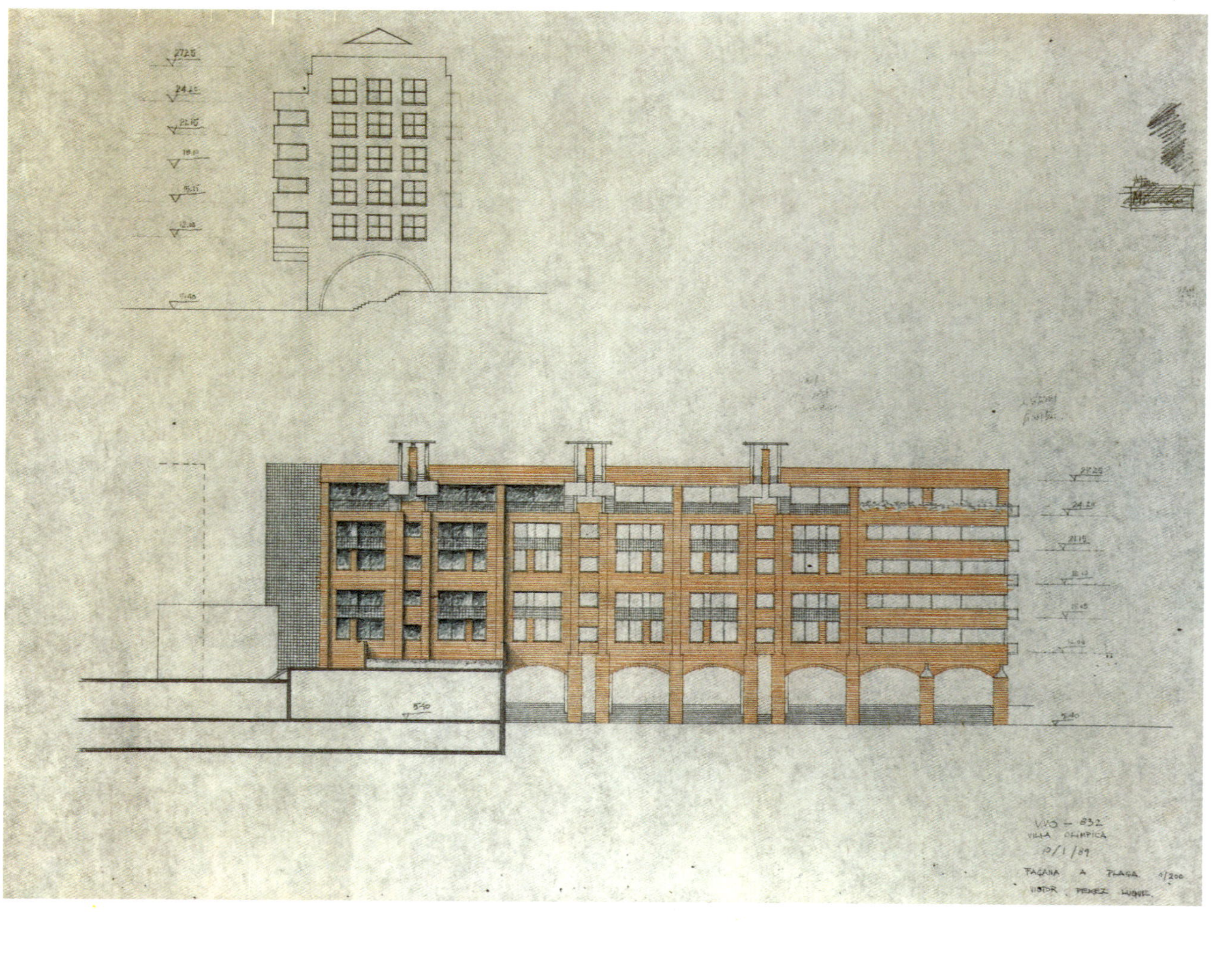
VILLA OLIMPICA
FAÇANA A PLAÇA 1/200

Enriqueciendo el sistema de enlaces de la ciudad, se ha realizado un elemento que posee además evidentes cualidades escultóricas. Nos referimos al puente que une las calles Bach de Roda y Felipe II (1986–1987). Según proyecto de Santiago Calatrava consiste en una estructura mixta de hormigón armado y acero.[48]

En la compleja estructura de la ciudad hay otro tipo de elemento que desempeña el papel de enlace y se desarrolla en los lugares de confluencia de diversas líneas de circulación o en las franjas de contacto entre barrios. Se trata de nudos como el de Port Vell, el núcleo de bloques de oficinas del Carrer Tarragona o el complejo en la Renfe Meridiana. A este tipo de áreas urbanas que surgen por la desaparición de infraestructuras obsoletas se las ha denominado «areas de nueva centralidad».[49]

Entre los nudos por resolver uno de los más importantes, una auténtica asignatura pendiente, flagrante contradiccion de la ciudad, es el de la urbanizacion de la Plaça de les Glòries Catalanes. A su vitalización han de contribuir dos edificios en proyecto: el Teatre Nacional de Catalunya propuesto por Ricardo Bofill y el Auditorio Municipal según diseño de Rafael Moneo. Por último, dentro de las intervenciones puntuales, las más destacadas son los espacios verdes. De hecho, la Barcelona actual destaca por la política de creación de nuevos espacios públicos en un número cercano al centenar. De esta gran variedad de obras, algunas realmente son un modelo, como la Plaça dels Països Catalans en Sants (1981–1983) de Albert Viaplana, Helio Piñón y Enric Miralles – un manifiesto de arquitectura conceptual – o el Parc del Fosar de la Pedrera (1983–1986) de Beth Galí y Marius Quintana – uno de los remansos de Barcelona más cargado de simbolismo. La mayoría de las intervenciones destacan por la voluntad de tratar todos los espacios urbanos – ya sean parques, puentes o túneles – de una nueva manera, dando gran importancia al proyecto arquitectónico y al mobiliario urbano.

En la realización de estas plazas barcelonesas se ha seguido una evidente evolución. Las primeras intervenciones, hacia 1982, se basaban en la remodelación de plazas ya existentes en tejidos históricos consolidados como las plazas del barrio de Gràcia o del casco antiguo. Hacia 1985 proliferaron operaciones más ambiciosas, de mayor tamaño y en áreas periféricas o en núcleos urbanos de menor carácter. Entre ellos destaca el Parc de la Creueta del Coll (1981–1987), de Martorell-Bohigas-Mackay, con un gran estanque junto a una antigua pedrera, o el parque de la estación del Norte (1985–1987), con preciosas esculturas-paisaje de Beverly Pepper, y el parque de Villa Cecilia (1982–1986) proyectado por Elias Torres y José Antonio Martínez Lapeña. En muchos

LA XEMENEIA D'EN FOLCH

Josep Martorell, Oriol Bohigas, David Mackay y Albert Puigdomènech,
1986–1992
Vila Olímpica, Poble Nou

En 1986, con breves semanas de plazo, un equipo dirigido por Oriol Bohigas trazó las directrices generales de la morfología que iba a determinar las viviendas de la Vila Olímpica. Dicha operación tiene un significado trascendental para la evolución de la ciudad; ya que se trata de recuperar una amplia franja costera. Llama la atención el hecho de que el proyecto final no aproveche a fondo las ventajas de ninguna de las tres tradiciones urbanísticas precedentes: la composición axial del sistema «Beaux Arts», la tradición homogénea de las manzanas Cerdà y la nueva tradición de bloques del urbanismo racionalista.

La zona de la Vila Olímpica se encuentra detrás de la Ciutadella y de los cuarteles de la intendencia, ocupando los terrenos de las antiguas fábricas «Folch», «Torras» y los almacenes proyectados por Elies Rogent. El único resto de esta gigantesca área industrial es la chimenea de ladrillo de la fábrica «Folch» al lado de los grandes bloques de viviendas.

casos estos espacios públicos están singularizados por esculturas al aire libre.[50] Hacia 1990, cuando se han alcanzado gran parte de los objetivos, se vuelve hacia un urbanismo minimalista basado en la perfección en el detalle de aceras, vados, iluminación, suelos, etc. Otro tipo de intervenciones «puntuales» son los edificios culturales, destacando dos obras de Jordi Garcés y Enric Soria: el Museu Picasso (1981–1987), rehabilitando una serie de palacios en el Carrer Montcada y el Museu de la Ciència (1979–1980), reconvirtiendo una antigua residencia de ancianos.[51]

Ambas obras constituyen modelos de intervención en arquitecturas históricas. En el corazón histórico de la ciudad se está remodelando el area de la antigua Casa de la Caritat para convertirla en Centro de Cultura Contemporánea. Las dos piezas más destacables son la serie de intervenciones fragmentarias de Albert Viaplana y Helio Piñón para configurar los espacios del centro «La ciudad de las ciudades» (1990)[52] y el Museu d'Arte Contemporani (1987–1992), de nueva planta, proyectado por el norteamericano Richard Meier.

En el terreno más general de la evolución de la ciudad uno de los rasgos más definitorios de la Barcelona actual – un rasgo con elementos negativos – es el de la terciarización. Es decir, su paulatina conversión en un gran centro de trabajo, comercio y cultura que va expulsando a los habitantes de recursos más modestos. Si bien éste es un fenómeno típico de toda ciudad postindustrial, ello conlleva la dedicación exclusiva de algunas áreas de la ciudad a usos terciarios. Y como se ha comprobado, semejante monofuncionalidad conduce a la eliminación de la vida urbana durante la noche y los fines de semana en determinadas zonas de la ciudad.

Por último, en la escala menor de los espacios interiores, Barcelona – tal como sucedió también en la época del Modernismo – ha vuelto a destacar por el alto nivel de los locales comerciales y de ocio que se han realizado en la década de los ochenta. Entre las primeras obras más innovadoras destacan el bar musical KGB y la pequeña coctelería Bijoux; la primera por su diseño simple y metropolitano y la segunda por su delicado tratamiento de lujo.

A finales de los años ochenta se van realizando las obras más emblemáticas: el pub Otto Zutz, reconvirtiendo los diversos niveles de unos antiguos talleres, el Nick Havanna, otorgando el máximo clima festivo y lúdico a un local en planta baja, y el Network con su drástica estética metropolitana. Cabe incluir en esta lista un pequeño restaurante chino, el Pekín. A partir de estas obras, el nivel general cae en el manierismo. Sólo destacan algunas obras como el espléndido y escenográfico Zsa Zsa, la neotradicional Casa Fernández o el restaurante Tragaluz.

HOTEL DE LAS ARTES

Skidmore, Owings & Merrill y Frank O. Gehry, 1986–1992
Passeig de Carles I

La planificación de dos rascacielos en el Puerto Olímpico también formaba parte de las obras precedentes a la Olimpiada. El proyecto para el hotel de cinco estrellas es obra de Bruce Graham, perteneciente a la oficina de Chicago Skidmore, Owings & Merrill, un patriarca de los rascacielos. Iñigo Ortiz y Enrique León proyectaron el bloque de oficinas situado en frente.

BLOQUE DE VIVIENDAS

José Luis Mateo, 1984–1990
Carrer de Bilbao, Poble Nou

Con esta referencia al reciente interiorismo barcelonés damos por terminadas nuestras consideraciones sobre la arquitectura contemporánea en Barcelona. Consideraciones que han intentado enfocar tanto la escala de la planificación urbana – con un ejemplo tan completo como el Plan Cerdà y una empresa tan ambiciosa como la Barcelona olímpica – como la escala menor del interiorismo, la decoración y el mobiliario. El ciudado por las diversas escalas de la actividad de creación de entorno y espacio, determina en gran parte la experiencia barcelonesa. Sin embargo, a la ciudad y sus alrededores les quedan aún muchos retos por afrontar: la resolución del tema del paisaje, protegiendo los parajes existentes, creando nuevos entornos y reparando los destrozos de décadas anteriores; la definición de auténticas areas culturales; el control de la terciarización salvaje de la ciudad y la lucha contra la reducción de ciertas áreas centrales al monofuncionalismo de las oficinas; y la mejora de las condiciones de la habitabilidad de gran parte del patrimonio residencial, ahora degradado. Se trata, en definitiva, de que Barcelona mejore su calidad de vida y se modernice sin perder sus características de ciudad construida con pequeños fragmentos cuidados hasta el detalle, de ciudad viva en la que tienen cabida todos los sectores sociales.

ESTADI OLIMPIC

Federico Correa, Alfonso Milà, Carles Buxadé, Joan Margarit, Vittorio Gregotti y Pedro Ibáñez, 1986–1989
Montjuïc

El Estadi Olímpic de Barcelona, construido en Montjuïc en 1929, debía ser el lugar donde se disputaran los solicitados juegos de 1936; sin embargo, Berlín se convirtió en la sede de los mismos. También la Olimpiada Popular, que se estaba preparando en Barcelona como protesta por la política de Hitler – que prohibió a los deportistas judíos y comunistas representar a Alemania –, fue suspendida en el último momento por el levantamiento del general Franco. Aunque con retraso, este estadio por fin ha conseguido la fama y la gloria en 1992. Conociendo la importancia de este lugar, los arquitectos han mantenido la fachada histórica y el portal en los necesarios trabajos de ampliación. Se rebajó el nivel del campo de deportes para hacer espacio a nuevas gradas que hoy dan cabida a unos 60.000 espectadores. Con arreglo a esta ampliación se emprendieron numerosas remodelaciones para conseguir una infraestructura que respondiera a las actuales necesidades de comunicación y la exigencias de visión y comodidad. El Estadi Olímpic de Barcelona se encuentra hoy entre los más modernos e imponentes del mundo.

PALAU SANT JORDI

Arata Isozaki, 1984–1990
Montjuïc

Junto al Estadi Olímpic, el Palau de Sant Jordi es una de las obras más representativas de la Barcelona del 92.
Concebida como una sala polifuncional, dispone de una pista de atletismo de 200 metros y pista de hielo, y también se pueden celebrar en ella conciertos y exposiciones. Las entradas para los espectadores se encuentran en la gran plaza entre el Estadi Olímpic y el Palau, mientras que los accesos para los deportistas, la prensa y el personal de servicio se abren en un nivel más bajo de la cara sur.
Lo más espectacular es la solución de la cubierta, montada por completo en el suelo y posteriormente elevada a su posición definitiva con gatos hidraúlicos. La forma hace referencia a la cumbre de Montjuïc.

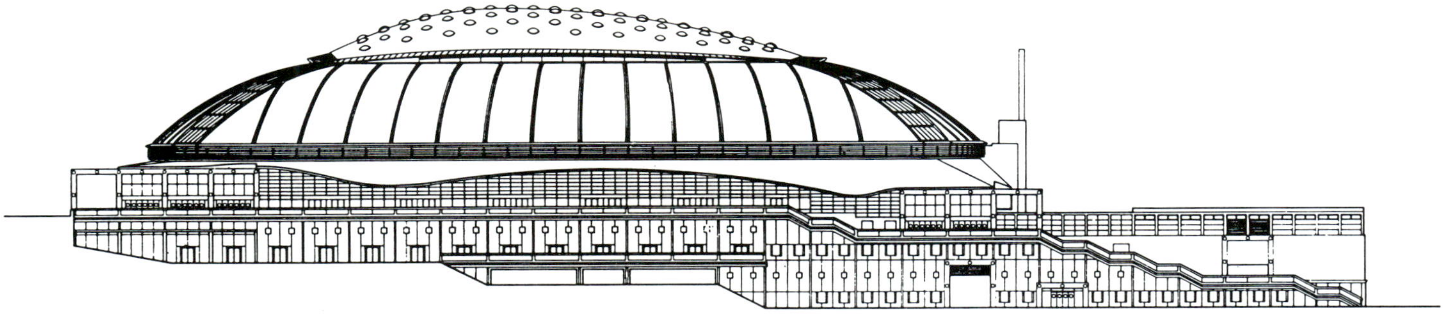

PHILIPS
PHILIPS

PALAU DE SANT JORDI

Sala polifuncional y explanada delante del palacio

TORRE DE TELECOMUNICACIONES

Norman Foster, 1989–1992
Collserola

El proyecto de la torre sigue la filosofía de Norman Foster, conseguir el mayor efecto posible con el mínimo despliegue estructural. La base de la construcción es un pilote de escaso diámetro que recuerda al mástil de un barco o al asta de una bandera. Tres soportes horizontales de acero, que se unen en el centro creando cada dos un ángulo de 120°, sostienen el núcleo del edificio y tres tirantes se fijan al suelo. Este sistema de apoyos y tirantes configura el esqueleto que sujeta los distintos niveles y plataformas.
La forma básica – un triángulo isósceles con los lados abombados – fue concebida así para garantizar la menor resistencia al viento y la mayor estabilidad posible en caso de oscilaciones, giros y vibraciones. Se prestó una considerable atención a la seguridad y el mantenimiento. Así pues las cajas de los ascensores, las escaleras y las conducciones de los cables se han instalado en la parte exterior de la torre para permitir un fácil acceso. Los tirantes que aguantan las tensiones principales, fueron realizados de forma que es posible retirar hasta un tercio de los mismos sin poner en peligro la estabilidad del edificio.

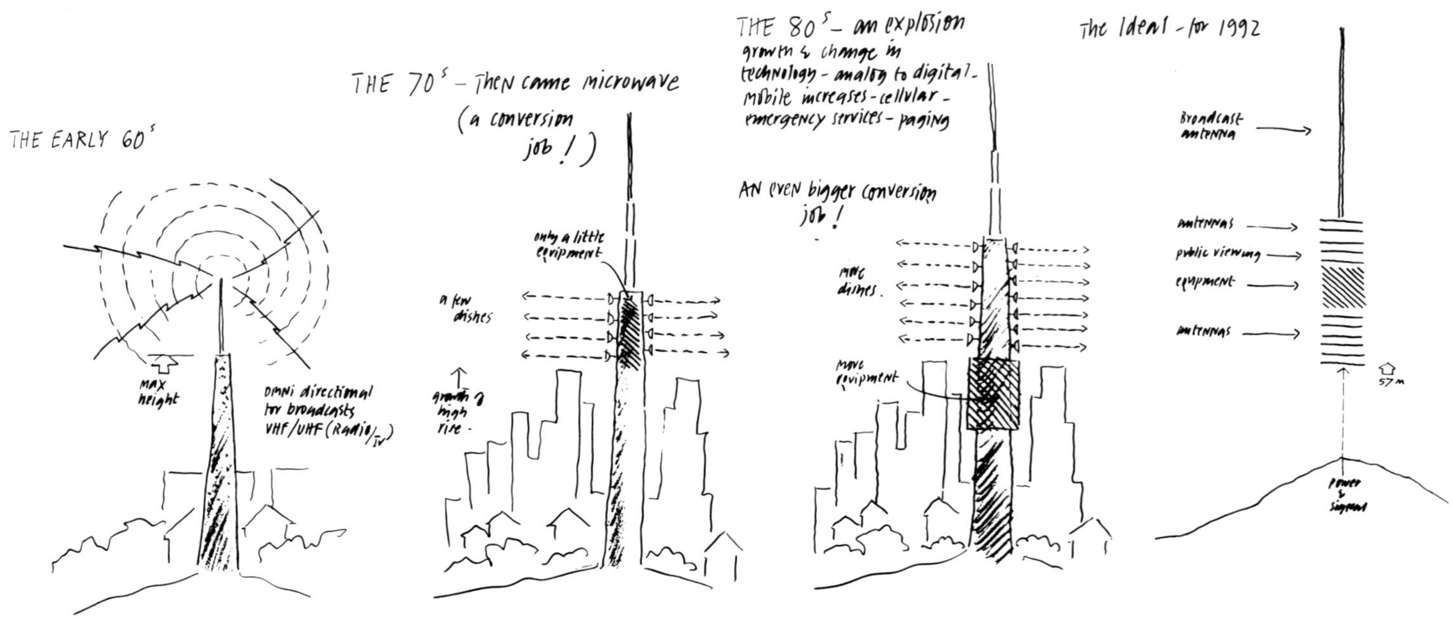

NAVE «GRUPO ROSA»

Alfredo Arribas y Miguel Morte, 1989–1990
Longitudinal 7, parcela 19 F, Mercabarna

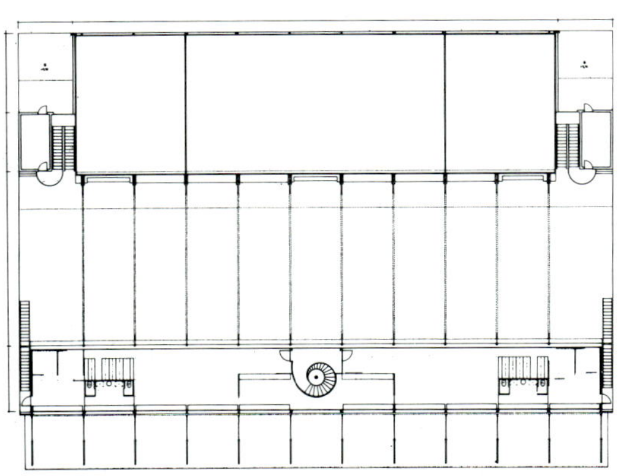

TORRES DE AVILA

Alfredo Arribas, Javier Mariscal y Miguel Morte, 1989–1990
Poble Espanyol, Avinguda del Marquès de Comillas

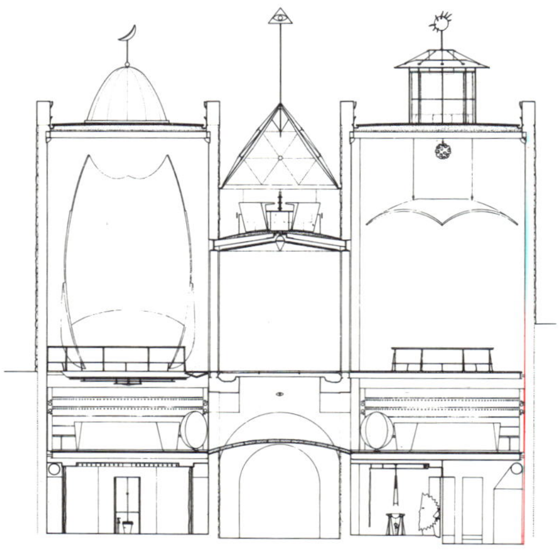

TORRES DE AVILA

Bar en la Torre de la Luna (izda.) y bar en la Torre del Sol

TORRES DE AVILA

Entrada al servicio de caballeros; escalera

La réplica de las puertas de Avila se realizó con motivo de la Exposición Universal de 1929, flanqueando el acceso al Poble Espanyol con reconstrucciones de los edificios más hermosos de España.
Desde el patio de este «pueblo español» destaca la pirámide de cristal entre las imponentes torres, pero al entrar al edificio se abre un mundo de aventuras visuales. Las rigurosas directrices de los muros exteriores sugirieron a Alfredo Arribas y Javier Mariscal la idea de una Torre del Sol y una Torre de la Luna. A partir de la marcialidad de los muros fortificados externos se creó en el interior un juego de los sexos: la Torre del Sol simboliza la variante masculina y la Torre de la Luna la femenina. La Torre del Sol es abierta, clara e imponente: un mostrador se adapta a la rotonda de la torre y el piso superior presenta una abertura circular que permite contemplar la luminosidad en lo alto del edificio. Bajo el techo, en el medio de un cuadrado abombado, se mueve de arriba abajo una bola que proyecta puntos luminosos sobre las paredes. El mobiliario, al igual que todo el espacio, se ha concebido en tonos terrosos claros.
La Torre de la Luna supone un contrapunto a la anterior. Sobre la rotonda con el mostrador aparece aquí, en lugar de la abertura, una galería circular. Las mesas de este piso están envueltas por una pared blanca abierta en el centro que se puede transformar en un cielo estrellado manejado por ordenador. Gracias a las fibras luminosas, la parte exterior de esta pared parece recubierta por una hiedra luminosa. Los infinitos juegos simbólicos de Mariscal se reparten por todo el edificio hasta la azotea, cuyos elementos arquitectónicos están coronados por los símbolos del sol y la luna.

NETWORK

Alfredo Arribas y Eduardo Samsó, 1986–1987
Avinguda Diagonal 616

Como si se tratara de un tubo comunicante, un gran agujero circular enlaza los tres pisos del Network con café, bar y restaurante. El ambiente postnuclear está determinado por los monitores en los que sin descanso se ven películas como «Blade Runner», «Mad Max» o «Brazil».
La discoteca Otto Zutz aprovecha las naves de una antigua fábrica. Las intervenciones posteriores armonizan con la arquitectura industrial.

OTTO ZUTZ

Guillem Bonet, Alicia Núñez y Jordi Parcerisas, 1985
Carrer de Lincoln 15

NICK HAVANNA

Eduardo Samsó y Peret (obra gráfica),
1985–1986
Carrer de Rosselló 208

Eduardo Samsó alcanzó el éxito con el bar Nick Havanna. Lo más importante de este local profundo y grande son los espectaculares juegos de luces de la cúpula y la pared con monitores en los que se proyectan las noticias actuales, secuencias de películas y vídeos. Entre el mobiliario aparecen también aparatos de fax y una máquina automática con libros de bolsillo.

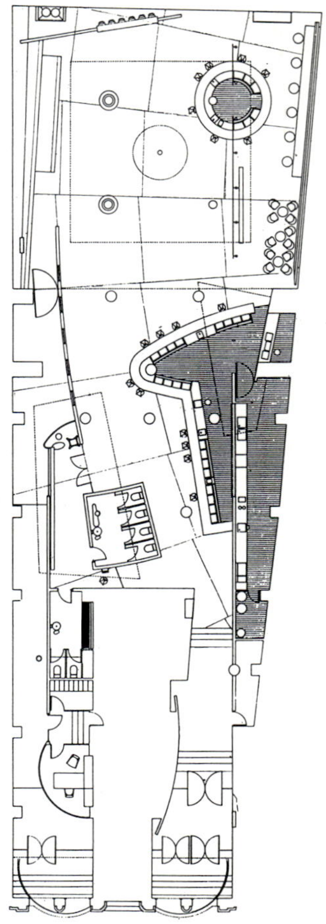

ZSA ZSA

Daniel Freixes y Vicente Miranda,
1988–1989
Carrer del Rosselló 156

Lo especial de este pub son la lograda iluminación y los efectos de las cristaleras planas que disimulan con acierto la estrechez del espacio. El collage a base de tapices con motivos clásicos es obra de Peret.

VELVET

Alfredo Arribas y Miguel Morte, 1987
Carrer de Balmes 161

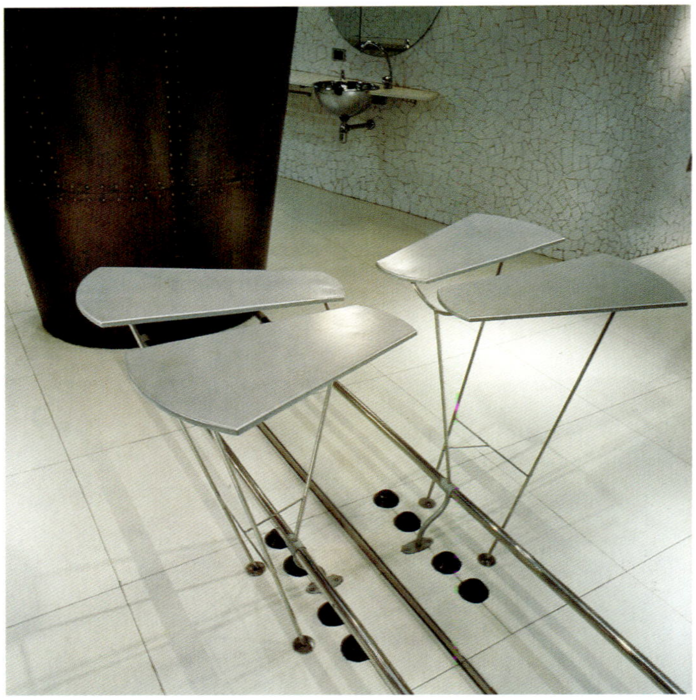

MARCEL

Eduardo Samsó, 1987
Avinguda Diagonal 472

LURDES BERGADA (dcha.)

Eduardo Samsó, 1989
Avinguda Diagonal 609–615

En sus obras Eduardo Samsó valora mucho la compenetración armónica y funcional entre el usuario, la organización espacial y el mobiliario. Prefiere los materiales en bruto, a veces incluso defectuosos, con colores y superficies naturales, que modela con suaves formas redondeadas y espectaculares combinaciones. Samsó también gusta de recurrir a las tradiciones catalanas, como el recubrimiento de las paredes con mosaicos a base de fragmentos de azulejos; por ejemplo en la peluquería «Marcel» en el Boulevard Rosa. Por motivos de espacio en el piso de la entrada sólo se encuentra la recepción y una escalera de caracol que conduce a la planta baja donde está la peluquería.
En un entorno menos atractivo de la Avinguda Diagonal se encuentra la tienda de modas «Lurdes Bergadà»: una pequeña tienda con piso de madera, cortinas de terciopelo azul y pocos muebles distribuidos con acierto que recuerdan a los interiores japoneses.

CASA BERENGUER D'AGUILAR
MUSEU PICASSO

Jordi Garcés y Enric Sòria, 1981–1987
Carrer de Montcada 15

La casa del noble Joan Berenguer d'Aguilar data del siglo XV, posiblemente con la colaboración del maestro de obras Marc Safont, y desde comienzos de los años sesenta acoge el Museu Picasso. Ha sido ampliado y reformado con gran acierto por Garcés y Sòria, incorporando los palacios contiguos.

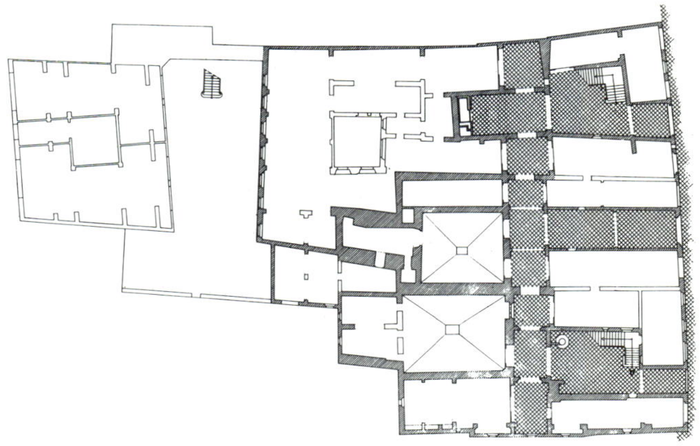

MUSEU DE LA CIENCIA

Josep Domènech i Estapà, 1904–1909; Jordi Garcés y Enric Sòria, 1979–1980; Alfredo Arribas, Miguel Morte y Javier Mariscal, 1989
Carrer de Teodor Roviralta 55

El Museo de la Ciencia, proyectado a finales de los años setenta, aprovecha el antiguo asilo de ancianos Amparo de Santa Lucia de Josep Domènech i Estapà. La ampliación de Garcés y Sòria, al lado de la larga construcción primitiva, se inspira en las antiguas fachadas y consigue una nueva interpretación de su estructura. La obra es ejemplar por lo que respecta al desarrollo de la fachada.

Ejemplar es también la decoración interior de este museo que apuesta claramente por los sentidos, empezando por instalaciones sobre fenómenos ópticos o experimentos de cinética, hasta las experiencias olfativas en los «mostradores de olores». En 1989 Arribas, Morte y Mariscal crearon en la planta baja «El Clic dels Nens» – un paraíso multicolor para aprender jugando – dedicado a los visitantes más jóvenes del museo (dcha.).

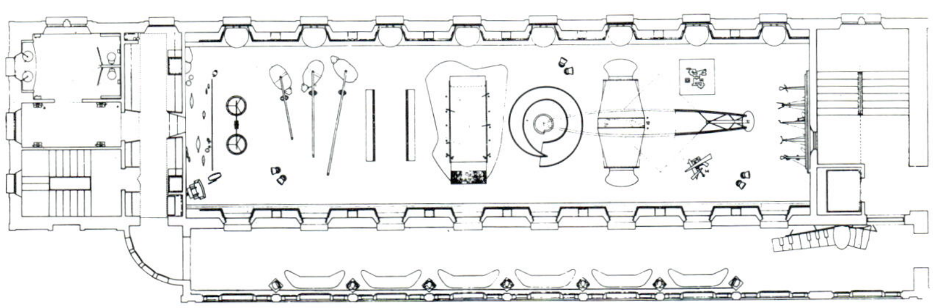

INSTITUTO

Joan Amigó Barriga, 1906–1919; Enric Miralles y Carme Pinós, 1984–1986
Badalona, Barcelona

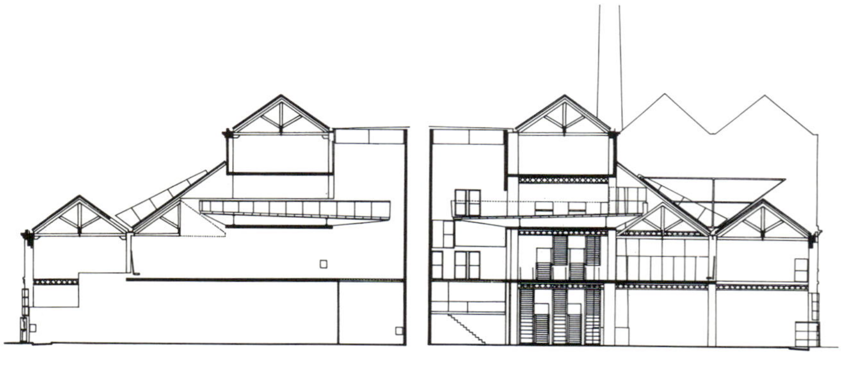

Se trata de la reconversión en un instituto de la antigua fábrica La Llauna. La obra está marcada por el respeto hacia el arquitecto industrial y muestra al mismo tiempo claros elementos «deconstructivistas». Enric Miralles y Carme Pinós cultivan este estilo de forma rigurosa y creativa. Los elementos y espacios interiores recrean intencionadamente la agresiva estética de la calle y los suburbios de las grandes ciudades.

INSTITUT MARTI I POL

Eduard Bru y José Luis Mateo, 1981–1983
Sta. Coloma de Gramanet, Barcelona

ESCUELA DE LA CONCEPCION

Pep Zazurca, 1988–1990
Carrer Bruc 102

ESCUELA JOSEP MARIA JUJOL

Josep Maria Jujol, 1916–1918; Jaume Bach y Gabriel Mora, 1984–1987
Carrer de la Riera de Sant Miquel 39

Como en el caso de la fábrica La Llauna, se trata también de la remodelación de un complejo industrial. Josep Maria Jujol había realizado las naves para la fábrica de cajas de caudales del industrial Mañac. Hoy en día se utilizan como patio cubierto y punto de encuentro de los vecinos.

TEATRE NACIONAL

Ricardo Bofill, Taller de Arquitectura,
1989–1992
Plaça de les Glòries

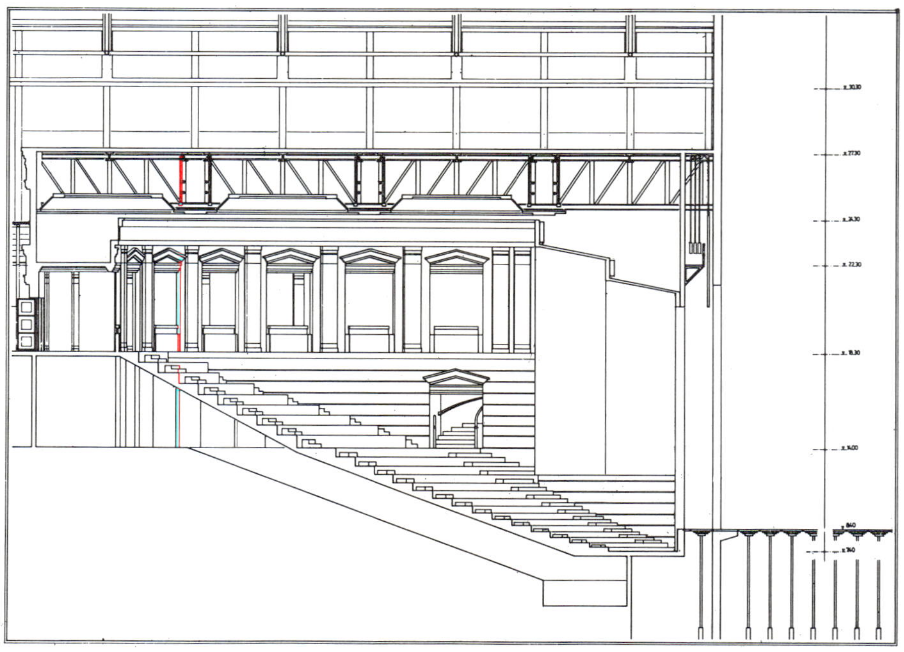

MUSEU D'ARTE CONTEMPORANI

Richard Meier y Thomas Phifer, 1987–1992
Carrer Montalegre 7, Plaça del Angels

En la Plaça de les Glòries, encrucijada de las principales vías de comunicación, Gran Via de les Corts Catalanes, Avinguda Diagonal y Avinguda Meridiana, se está creando el mayor centro cultural de Barcelona, el Teatre Nacional de Catalunya compuesto por dos complejos monumentales independientes: un auditorio según planos de Rafael Moneo y un teatro de Ricardo Bofill.

El proyecto de Bofill parte de tres secciones: un vestíbulo luminoso con accesos bordeados por palmeras, la llamada Casa y el teatro en sí, una sala que dará cabida a 1500 espectadores. Las gradas del auditorio presentan una fuerte inclinación, suprimiéndose por completo palcos y plateas.

El Museu d'Arte Contemporani en el casco antiguo debe servir de intermediario entre el entorno histórico de la Casa de la Caritat, cuyos antecedentes arquitectónicos arrancan del siglo XIV, y el arte contemporáneo presentado aquí. El proyecto del americano Richard Meier muestra un edificio consecuentemente moderno que – a diferencia del teatro de Ricardo Bofill – prescinde de toda sugerencia estilística. La mediación se produce más bien por los volúmenes definidos con claridad y las equilibradas fachadas. Los planos prometen una obra maestra que enlaza con el High Museum of Art en Atlanta (Georgia) o el Museum für Kunsthandwerk en Francfort del Meno.

APENDICE

NOTAS

1 Círculo de Economía, Gestión o Caos. El area metropolitana de Barcelona, Ariel, Barcelona, 1973

2 Josep-Maria Montaner, La modernizació de l'utillatge mental de l'arquitectura a Catalunya [1714–1859], Institut d'Estudis Catalans, Barcelona, 1990

3 Manuel Arranz, Mestres d'obres i Fusters. La construcció a Barcelona en el segle XVIII, Collegi d'Aparelladors i Arquitectes Tècnics de Barcelona, Barcelona 1991

4 Pere Hereu «L'edifici de la Universitat, testimoni de l'urbanisme del seu moment históric», en Elias Rogent i la Universitat de Barcelona, «Generalitat» de Catalunya / Universitat de Barcelona, Barcelona 1988

5 Albert Garcia i Espuche y Manuel Guàrdia i Bassols, Espai i societat a la Barcelona pre-industrial, Editorial La Magrana, Barcelona, 1986

6 Ildefonso Cerdà, Teoría General de la Urbanización. Reforma y «Eixample» de Barcelona, Instituto de Estudios Fiscales, Barcelona, 1968; y 2 C. Construcción de la ciudad núms. 6–7, 1977, dedicado a Cerdà, Josep-Maria Montaner, «The Cerdà Plan», en Catalonia Culture núms. 3, 1987

7 Oriol Bohigas, Barcelona. Entre el barraquisme i el Pla Cerdà, Edicions 62, Barcelona, 1963

8 Manuel de Solà-Morales [Laboratorio de Urbanismo], Los «Eixample»s I. El «Eixample» de Barcelona, Escola Tècnica Superior d'Arquitectura, Barcelona, 1978

9 Albert Garcia i Espuche, El quadrat d'or. Centre de la Barcelona modernista, Olimpiada Cultural y Lunwerg, Barcelona, 1990

10 Manuel Guàrdia, Albert Garcia i Espuche, José Luís Oyon y Francisco Javier Molins, «La dimensió urbana» en Arquitectura i Ciutat a l'exposició universal de Barcelona 1888, Universitat Politècnica de Catalunya, Barcelona, 1988

11 José Corredor-Matheos y Josep-Maria Montaner, Arquitectura industrial en Cataluña. De 1732 a 1929, Caja de Barcelona, Barcelona, 1984

12 Francesc Cabana, Assumpció Feliu, Can Torras dels ferros: 1876–1985, Barcelona, 1987

13 Jeroni Martorell, Estructuras de ladrillo y hierro atirantado en la arquitectura catalana moderna, Anuario de Arquitectos, Barcelona, 1910

14 Pere Hereu, L'Arquitectura d'Elies Rogent, Collegi d'Arquitectes de Catalunya, Barcelona, 1986

15 Cuadernos de Arquitectura núms. 52–53, 1963, dedicado a «Domènech i Montaner»; A. A. V. V. Lluís Domènech i Montaner. En el 50e Aniversari de la seva mort. 1850–1923, Lluis Carulla, Barcelona, 1973

16 Mireia Freixa, El modernismo en España, Cátedra, Madrid, 1986

17 Henry-Russell Hitchcock, Arquitectura de los siglos XIX y XX, Cátedra, Madrid, 1981

18 Xavier Güell, Antoni Gaudí, Editorial Gustavo Gili, Barcelona, 1986

19 Le Corbusier, J. Gomis y J. Prats, Editorial de Arquitectos de Cataluña y Baleares, Barcelona, 1975

20 Joan Bassegoda Nonell, Los maestros de obras de Barcelona, Editorial Téc-

nicos Asociados, Barcelona, 1973; Josep-Maria Montaner, L'ofici de l'arquitectura, Universitat Politècnica de Catalunya, Barcelona, 1983

21 Oriol Bohigas, Reseña y Catálogo de la arquitectura modernista, Lumen, Barcelona, 1973

22 Ignasi de Solà-Morales, Joan Rubió i Bellver y la fortuna del gaudinismo, Colegio Oficial de Arquitectos de Cataluña y Baleares, Barcelona, 1975

23 Quaderns núms. 179–180, 1989, Barcelona, dedicado a «Josep Maria Jujol, arquitecte. 1879–1949»; Ignasi de Solà-Morales, Jujol, Polígrafa, Barcelona, 1990; Oriol Bohigas, «Josep Maria Jujol» en Once Arquitectos, La Gaya Ciencia, Barcelona, 1976

24 Josep-Maria Montaner, «Puig i Cadafalch, la legitimació de l'arquitectura», en EL PAIS, Barcelona, 7 de diciembre de 1989

25 Quaderns d'Arquitectura i Urbanisme núms. 113, 1976, dedicado al «Noucentisme: la arquitectura de la ciudad»

26 Josep-Maria Rovira, Xavier Güell y Xavier Pouplana, Memòria Renaixentista en l'arquitectura catalana [1920–1950], Collegi Oficial d'Arquitectes de Catalunya i Balears, Barcelona, 1983

27 Ignasi de Solà-Morales, La Exposición Internacional de Barcelona 1914–1929: Arquitectura y Ciudad, Feria de Barcelona, Barcelona, 1985

28 Nicolau-Maria Rubió i Tudurí, El jardín meridional. Estudio de su trazado y plantación, Editorial Salvat, Barcelona, 1934; y Nicolau-Maria Rubió, Acta, Comisión de Cultura del Colegio Oficial de Aparejadores y Arquitectos Técnicos, Murcia, 1984

29 Francesc Roca, El Plà Macià, Editorial La Magrana, Barcelona, 1977

30 Francesc Roca, Ignasi de Solà-Morales (ed.) A. C./GATEPAC. 1931–1937, Editorial Gustavo Gili, Barcelona, 1975

31 Oriol Bohigas, Arquitectura española de la Segunda Repúblicam, Editorial Tusquets, Barcelona, 1970

32 Ernesto Katzenstein, Gustavo Natanson y Hugo Schuartzman, Antonio Bonet. Arquitectura y urbanismo en el Río de la Plata y España, Espacio, Buenos Aires, 1985

33 A. A. V. V., Antoni de Moragas Gallissà. Homenatge, Editorial Gustavo Gili/FAD, Barcelona, 1989

34 Carlos Fochs (ed.), José Antonio Coderch de Sentmenat. 1913–1984, «Generalitat» de Catalunya, Barcelona, 1988

35 Antonio de Moragas, «Deu anys del Grup R», en Serra d'Or núms. 11–12, 1961, Barcelona

36 Oriol Bohigas «Una posible Escuela de Barcelona», en Contra una arquitectura adjectivada, Seix Barral, Barcelona, 1982

37 Josep-Maria Montaner «España» en Leonardo Benévolo, Historia de la Arquitectura Moderna, Editorial Gustavo Gili, Barcelona, 1982

38 Helio Piñón, Arquitecturas catalanas, La Gaya Ciencia, Barcelona, 1977

39 Josep-Maria Montaner «Surveying Catalan Architecture, 1951–1987», en Sites núm. 20, Nueva York, 1988

40 A. A. V. V. Plans i projectes per a Barcelona. 1981–1982, Ajuntament de Barcelona, Barcelona, 1983; y Oriol Bohigas, Reconstrucció de Barcelona, Edicions 62, Barcelona, 1985

41 Josep-Maria Montaner «Barcelone ou la course du siècle», en Metropol 90, Pavillon de l'Arsenal, París, 1990

42 Franco Rella «Figure nel laberinto. La metamorfosi di una metafora», en Peter Eisenman, La fine del classico, CLUVA, Venecia, 1987

43 A. A. V. V. La ciutat i el 92, Holsa y Olímpiada Cultural, Barcelona, 1990

44 Claude Lévi-Strauss, Tristes Trópicos, Editorial Universitaria de Buenos Aires, Buenos Aires, 1970

45 Martorell, Bohigas, Mackay, Puigdomènech, Vila olímpica. Transformación de un frente marítimo. Editorial Gustavo Gili, Barcelona, 1988; A & V. Monografías de Arquitectura y Vivienda, núm. 22, dedicado a «Barcelona 1992. Vila olímpica», Madrid, 1990; y Lotus internacional núm. 67, dedicado a «I grandi progetti di transformazione», Milán, 1990

46 William J. R. Curtis (introducción), Carlos Ferrater, Editorial Gustavo Gili, Barcelona, 1989

47 Josep-Maria Montaner «Palau Sant Jordi. Valoración de un gran premio», en Diseño Interior núm. 6, Madrid, 1991

48 Quaderns núms. 188–189, «Guia d'Arquitectura contemporània. Barcelona i la seva àrea territorial, 1928–1990», 1991

49 Arees de Nova Centralitat. New downtowns in Barcelona, Ajuntament de Barcelona, Barcelona, 1987

50 Barcelona. Espais i escultures (1982–1986), Ajuntament de Barcelona, 1987

51 Oriol Bohigas (introducción), Gracés/Soria, Editorial Gustavo Gili, Barcelona, 1987

52 Josep-Maria Montaner, «The optimism of geometry», en Sites núm. 24, Nueva York, 1992

BIBLIOGRAFIA

Josep Emili Hernàndez-Cros, Gabriel Mora, Xavier Pouplana, Arquitectura de Barcelona, Collegi d'Arquitectes de Catalunya, Barcelona 1989

Catàleg del Patrimoni Arquitectònic Històrico-Artistic de la Ciutat de Barcelona, Ajuntament de Barcelona

Richard C. Levene, Fernando Márquez Cecilia, Antonio Ruiz Barbarin, Arquitectura española contemporánea. 1975–1990, El Croquis Editorial, Madrid 1989

La Arquitectura de los años cincuenta en Barcelona, Ayuntamiento de Barcelona, 1987

Xavier Güell (ed.), Spanische Architektur der achtziger Jahre, Berlín 1990

Volker Fischer, Eduard Bru i Bistuer, Neue Architekturtendenzen. Barcelona, Berlin 1991

Oriol Bohigas, Peter Buchanan, Vittorio Magnago Lampugnani, Barcelona. Arquitectura y Ciudad 1980–1992, Barcelona 1992

Catalunya, la fàbrica d'Espanya. Un segle d'industrialització catalana. 1833–1936, Ajuntament de Barcelona, Generalitat de Catalunya, Barcelona 1985

Design in Catalonia, BCD Barcelona Design Centre, 1988

Lluís Domènech i Montaner i el Director d'Orquestra, Fundació Caixa Barcelona, 1989

Exposició Universal de Barcelona. Llibre del Centenari 1888–1988, Barcelona 1988

Carlos Flores, Gaudí, Jujol y el Modernismo Catalan, Madrid 1982

Rainer Zerbst, Antoni Gaudí, Colonia 1989

José Llinàs, Jordi Sarrà, Josep Maria Jujol, Colonia 1992

Jaume de Puig, Antoni González, Raquel Lacuesta, Josep M. Moreno, M. Gràcia Salva, Ramon Manent, El Palau Güell, Diputacio de Barcelona, 1990

Antoni Sàbat, Palau de la Música Catalana, Barcelona 1974

Josep Puig i Cadafalch: l'arquitectura entre la casa i la ciutat, Fundació Caixa de Pensions, 1989

Peter Dutli, Jörg Esefeld, Pierre Kreis, Neue Stadträume in Barcelona. Stadterneuerung durch Plätze, Parkanlagen, Straßenräume und Skulpturen, Zurich 1991

ARQUITECTOS

EDIFICIOS Y CONSTRUCCIONES

FUENTES

Arxiu Administratiu de l'Ajuntament de Barcelona: 24
Arxiu Capitular de la Catedral de Barcelona: 14/15
Arxiu Mas, Barcelona: 75, 76, 81, 83, 84, 89, 90, 93, 97, 100, 105, 113 inf., 116, 120, 124, 130, 131, 144/145, 148, 151, 153, 180, 188, 198/199, 202, 204, 205
Bibliothek der Landesgewerbeanstalt Nürnberg: 9
Lluís Casals, Barcelona: 45 sup., 196, 271, 279, 285, 286, 287
Francesc Català-Roca, Barcelona: 42, 150, 160, 200 sup., 201, 203, 208/209, 211, 212, 218, 219, 222, 223, 224, 225, 226, 228, 229, 230, 231, 238, 242, 278
Cb-foto, Julio Conill, Barcelona: 194, 195
Collegi d'Arquitectes de Catalunya, Barcelona: 38/39, 45 inf., 54 inf., 200 inf.
ESTO Photographics/Jock Pottle, Mamaroneck, N.Y.: 289
Firo-Foto, Barcelona: 11, 89, 134
Ferran Freixa, Barcelona: 67, 68/69, 240 inf., 241 sup., 255, 256, 257, 258, 282, 283, 284
Peter Gössel, Nuremberg: 243 inf.
Jordi Gumí, Barcelona: 214, 216, 220, 227
Hovisa, Barcelona: 250
Institut Municipal d'Història, Barcelona: 10, 12, 16/17, 18, 19, 20, 26, 27, 28/29, 31, 44, 46 inf., 48, 54 sup., 57, 60, 62, 64, 65, 71, 88, 95, 110/111, 112, 114, 115, 158/159, 161, 162 inf., 164, 166, 176, 177, 178/179, 182, 184, 187, 190, 192, 197
Jordi Isern, Barcelona: 56
Lurdes Jansana, Barcelona: 243 sup., 253
Ramon Manent, Mataró: 78, 85
Museu d'Història de la Ciutat de Barcelona: 22
Roger-Viollet, París: 34, 35, 41, 50/51, 52
François René Roland, Verrue: 77, 82
Jordi Sarrà, Barcelona: portada, 8, 30, 32/33, 40, 43, 46 sup., 47, 49, 58, 59, 70, 72, 74, 79, 80, 92, 96, 98, 101, 102, 103, 104, 106, 107, 108, 109, 113 sup., 114, 117, 118, 119, 121, 122/123, 125, 126, 127, 128/129, 140/141, 142, 143, 145, 146/147, 149, 152, 154, 155, 156, 157, 162 sup., 163, 165/contraportada, 167, 168, 169, 172/173, 174, 186, 198 sup., 199, 232, 233, 246, 254/255, 259, 261, 264/265, 266, 270, 272, 273, 275, 276, 277, 280, 281
Hisao Suzuki, Barcelona: 62/63, 132, 133, 136, 137, 138, 139, 234/235, 241 inf., 262, 263, 267, 268, 269, 274

Agradecemos a los arquitectos privados, así como al Arxiu Administratiu de l'Ajuntament de Barcelona y al Collegi d'Arquitectes de Catalunya, Barcelona, por los planos, diseños y maquetas que amablemente pusieron a nuestra disposición.
Frigga Finkentey e Isabel Martín nos ayudaron de manera decisiva a entrar en contacto con archivos, fotógrafos y arquitectos.